季刊公的扶助研究

―福祉現場から手づくりの専門誌―

通巻第277号　2025年4月

CONTENTS

表紙切絵「ここにも福寿草」（『ふるさと365日シリーズ』より）　作＝柳沢京子
《プロフィール》1944年長野県に生まれる。1966年信州大学卒業。1998年ＮＨＫ地域放送文化賞受賞。

巻頭言

よりそい、よりそわれ

新潟大学　中村　健

「仲間が私にも『よりそって』くれているから仕事が続けられる。だから私も（相談者に）『よりそって』いたいと思えるのだろう。」

SOSのサインを見逃し、相手をよりつらい状況に追いやってしまったと悔やみ、自身の知識・技術・経験の不十分さに打ちひしがれる・・・。懺悔のように書き綴られた、あるケースワーカーの実践記録。この文章の結びが、冒頭の言葉でした。

にいがた公的扶助研究会（以下、「にいがた公扶研」）が2014年12月1日に発行した研究会通信「よりそいだより」第2号に掲載された文章を読み、当時ケースワーカーだった私も、自分が人と深く関わる仕事が出来ているのは、こうして自分に関わってくれる仲間に支えてもらえているからなのだと、気づくことが出来ました。寄稿には「いま私は、信頼できる仲間と学習の機会を得て、あの時の違和感はこれだったのかと経験を理論的に整理し、理解を深める機会を得ている。」との記載もありました。にいがた公扶研とは、学びの場であり、振り返りの場であり、成長の場であり、そして仲間と出会い、つながり、支え合い、喜怒哀楽を共にする場だと実感しています。寄稿された方は、現在もケースワーカーを続けており、共ににいがた公扶研の役員を務めています。

にいがた公扶研は活動を始めて16年目となります。活発に活動していた頃は毎月のように学習会や事例検討会を開催し、調査研究活動や研究会通信の発行も行っていました。近年は、年4回程度の学習会開催と、行政研修の企画運営協力という形で活動を継続しています。会員が劇的に増えることもなく、細々とした活動です。「もっと盛り上げたい、活性化したい」という思いと裏腹に現状維持がやっとという状況です。

このようなにいがた公扶研の現状を「継続していること自体が素晴らしい」「続けることは難しいこと」「研究会が無い地域もたくさんある」「これからも期待している」と前向きに評価してくれたのは全国公扶研の仲間達でした。この評価はとても嬉しく、改めて活動の意義と価値を認識するとともに、救われた気持ちになりました。

にいがた公扶研と全国公扶研、ふたつの研究会に出会わなければ、今の自分は居ません。

今秋、新潟で全国セミナーが開催されます。「にいがた公扶研の仲間たちを全国の皆さんに自慢したい！」という個人的な思いも秘めながら、鋭意セミナー準備中です！

（なかむら　けん）

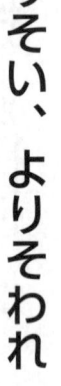

特集に掲載されている文章は2024年11月22日に開催された公的扶助研究全国セミナー全体会で8人の方が講演し、その内容をもとにして、講演者と編集者が協力して作成したものです。各文章には、講演者のご所属とお名前を記載してあります。

特集 利用者と支援者がクロスする場にて 尊厳を考える

▼現代日本における子ども、若者の貧困と支援を考える

『むこう岸』から考える子ども・若者支援

児童文学作家　安田夏菜

本日は全国セミナー埼玉東京大会のシンポジウムにお招きいただき、大変光栄に思っております。著作である『むこう岸』は2024年の春にNHKでドラマ化され、いろいろな方に「生活保護」というワードを再認識して頂けました。

「なぜ生活保護をテーマにした小説を書こうと思ったのか」についてです。この本のストーリーは、中学3年生のある少年と少女のお話です。女の子は生活保護家庭で、ヤングケアラーの役目を背負っています。男の子は恵まれた家庭に生まれましたが、お父さんから多大な期待をかけられて、有名進学校に合格したものの心が折れてしまった少年です。家庭環境も生い立ちも全くちがう二人が、最初は反目していたものの、徐々に打ち解けていき、心を一つにして「貧困」という困難に立ち向かっていくという物語です。そして、私がこの本を書くきっかけになったのは、生活保護家庭の女子中学生の記事でした。

彼女は生活保護家庭の子どもは、高校にはいけないんだと思いこんでいました。それを無料学習支援塾のボランティアの女子大生から「そんなことはないよ。公立だったら無料で行けるし、私立だってやりようによっては行けるんだよ。」と聞いた途端、「ええ！私高校行けるんだー」と涙をこぼしたという記事です。

私はそれを読んで、社会的弱者といわれる人たちはここまで情報弱者にもなってしまうのだと知りました。私は作家だからこそ、なにか心を励まされるような物語を書けないだろうかと考え、この『むこう岸』という本を書き上げました。

大人との会話に慣れていない子どもや若者の声を拾い上げることはなかなか難しいことなのかなと思うのですが、同時にとても大切なことだとも思います。その中でこのドラマが放送されたことは原作者としてとても嬉しいことでした。

放映後、いろいろな声がSNSで流れ、NHKに届き、私にも届きました。その一部をご紹介します。

一つ目は「このように生活保護のことをとらえたことがなかった。イメージが変わった。制度のことをくわしく知らなかったので、もっと知っていきたい。貧しい家庭の子どもをとりこぼしてはならない。社会全体で、もっともっと応援していこうじゃないか」という声です。もっと批判的なご意見もあるのかと思っていましたが、予想していたより、好意的な感想を多く頂きました。「子どもの貧困問題については社会全体で真剣に取り組む課題である」という認識を、多くの人が共有しているのかなということを感じました。

二つ目は「きみは施しをうけているんじゃない。社会から投資されているんだよ」というセリフへの反響です。これを聞いて「いい言葉だ」と言っていただいた方も多かったんですが、一部「生活保護は投資じゃないだろう、生存権の保障ですよね」というご指摘も頂きました。生存権の保障、すなわち「健康で文化的な最低限度の生活を営む権利」ですが、そのことは執筆時には勉強しておりましたので、このセリフを書くとき、非常に悩みました。「投資」と言うと、「期待してお金を出すから、あとで増やして返してもらいますよ」という意味にもとれてしまいます。それが、心の負担になる人も多いのではないかと、ものすごく躊躇しました。一方で私は若い人に向けて、この本を書いているので、この言葉はある意味励ましにならないだろうかと考えました。「社会に投資されている」立場であると思えば、「社会と自分は五分五分」になります。「決してかわいそうではない、施されているのではない」と思えるのではないのでしょうか。それで法律的には違うかもしれませんが、「生活保護は投資である」という言葉を書きました。

「投資」されたってお返しできないという方々も多くおられます。しかし、色々な立場の方が笑顔でそこにいてくれるだけで、社会貢献しているのではないかという考えもあろうかと思います。この「生活保護は投資である」という言葉が、またのちのちの議論につながれば良いと思っています。

三つ目は「問題解決のためには、おとなの方から子どもたちの声を聞きに行くことだ、という認識はあるものの、所詮『きれいごと』ではないのか、という無力感もある」という感想についてです。ケースワーカーの皆様も感じておられる問題かもしれません。問題が大きければ大きいほど、解決は難しく、もう改善するなんて無理じゃないのかと諦めかけることも多くなると思います。この「きれいごと」という言葉は人を委縮させるようですが、「きれいごと」はそれほど悪いことだろうかと私は思うこともあります。人権とか平等とかいう概念も、近代までは「きれいごと」でした。しかし人間が「誰もが平等に幸せになる権利を持つべきだ」という「きれいごと」を、長い間追い求めた結果、今があります。何十年何百年先の未来のためにも、私たちは理想を手放してはいけないと思うのです。

最後に四つ目です。「小学校などの幼いころから、生活保護などを含め、社会福祉制度について学ばせるべきである。国民には福祉を受ける権利があるということを学んでいれば、将来自分がその立場に陥ったとき、福祉を受けることへのハードルが下がるのではないか」という意見です。私もこの意見には、大いにうなずきました。日本にあるスティグマとして「保護を受けることは恥ずかしいことなんだ」ということからスタートしていることが問題です。日本人の生活保護捕捉率が諸外国に比べてたいへん低いことも、この社会的圧力が作用しているのではないかと思っています。

「人さまに迷惑をかけてはいけない」という社会的圧力がそのまま保護家庭の若者の困難に直結しているように思います。「迷惑かけてはいけない」「だから、保護を受けているのははずかしい」「けれど保護を受けないと、自分の未来は閉ざされてしまう」という堂々巡りの悩みですね。実際に同じ悩みを持つ人はたくさんいます。そのような若者に直接手を差し伸べて、有益な情報を提供できるのは、ケースワーカーだと思うのです。実際に保護家庭のことを詳しく把握されていて、定期的に家庭を訪問できる立場の人は他にいないのではないかと思います。

最後になりますが、『むこう岸』を書いたきっかけについて冒頭で書きました。保護家庭に生まれた子どもは、高校にはいけないんだと思い込んでいたその子は学習支援塾の女子大生に会い、希望を持つことができました。恐らくその子は、その人のことを生涯忘れないと思います。ケースワーカーも、誰かにとってのそのような存在に成り得る、尊いお仕事だと私は確信しております。

未来ある子どもや若者が、みなさまのお力で希望をもつことができますように……ということをお祈りしています。

（やすだ　かな）

▼現代日本における子ども、若者の貧困と支援を考える

子ども、若者の貧困と支援

元名古屋市ケースワーカー・作家　清水悦子（ペンネーム・木曽ひかる）

〈自己紹介〉

1944年生まれ。名古屋市在住。高校卒業後、名古屋市に就職する。

名古屋市で生活保護のケースワーカーを10年間経験。査察指導員を6年間経験。障がい、児童関係を合わせ、23年間福祉に携わる。

名古屋で3回開催した全国セミナーでは実行委員として参加。

退職後はホームレスのシェルター等で指導員、生活困窮者やホームレスのためのボランティアの支援活動を行う。

〈ケースワーカーとして〉

ケースワーカーの時に病気にかかる方が非常に多く、担当している方に聞きましたら、満腹感を味わうためにラーメンを汁まで飲んでしまうとか、野菜が高くて買えないということで食生活が原因ではないかと考え、食事改善教室を開きました。社会福祉協議会から費用を出してもらい、保健所の調理室をお借りして1年に2回、無料で数人を対象に教室を開き大変好評でした。

しかし、最低生活費が少ないので工夫にも限界があり、最低生活費を多くしていかなければならないと感じました。

実施要領の改善点としては、当時は住宅扶助費が申請日から日割計算でしたので、それはおかしいということで意見を出しまして、現在のように1カ月分が支給できるようになりました。

生活保護のケースワーカーは厳しく辛いこともありましたが、大変やりがいのある仕事で経験して良かったなと思っています。

〈小説「冬萌」の出版にあたって〉

2021年に小説『曠野の花』を出版しました。その後、雑誌「女性のひろば」の編集者から、『曠野の花』は生活保護のケースワーカーや民生委員が中心ですが、今度は若い女性の貧困を書いてほしいと依頼されまして『冬萌』を連載し、出版しました。

『冬萌』という言葉は、「寒い冬の時に土から少し芽を出して春を待つ」という意味で俳句の季語でもあります。

主人公の女性については自分がケースワーカーをしていたとき、3人の子どもを持つ母が子どもを置いて失踪してしまい、子どもは施設に入所しました。その子どもたちがどのように思うのかなということを投影して書きました。

〈あらすじ〉

主人公は児童養護施設出身の女性にしました。父親を知らず母親も失踪し、児童養護施設「若葉苑」で育ち、高校を卒業後、就職しますが、その会社が倒産してしまいます。

コロナ禍の中、就職活動をしますが思うようにいかず、熟女キャバクラで働きます。

主人公は人付き合いが苦手で要領も悪く、お酒も飲めなくて他の仕事に就きたいと思いますが仕事はありません。「若葉苑」

で一緒だった男性の車でラブホテルに女性を送迎する仕事を手伝います。そして虫垂炎で入院することになりますが、国民健康保険証がなく、同僚の保険証を借りて、そのことが発覚してしまいます。病院のソーシャルワーカーから生活保護を申請するよう勧められますが、母親に扶養照会をされるのを危惧して拒みます。その間に家賃を1ケ月間滞納して鍵を替えられてしまい、住む所に困り、高原のキャベツ畑での仕事をすることになります。仕事は厳しかったが慣れ、雇用主一家の温かさに触れる中で自信ができてきます。

貯金をして、以前いた街へ戻ってアパートで暮らすつもりでしたが、同僚にお金を盗まれ、再び貯金をするために高原で仕事をすることになりますが、キャベツ畑は夏しか仕事がなく、高原のスキー場で働くことになります。

〈日本の現状〉

出版後、小説を読んだ方から多くの感想をいただきました。その中には「このような貧困を初めて知った」、「児童養護施設は大変だということを知った」という感想がありました。

この主人公はなぜこんなにも苦労をしなければならないのか。最も大きな原因は経済的に困窮しているからです。今の日本の状況は物価が高くて生活が苦しくなっています。若者は低賃金、高齢者は低年金で生活苦に苛まれています。給食が唯一の食事だというお子さんが夏休みは給食が食べられないので夏休みはないほうがいいという声も聞きました。

子どもの貧困は親の貧困だと思います。炊き出しにホームレス以外の人も並ぶ状況です。

「食べる」という基本的なことが難しい社会になっています。児童虐待も増えています。

今の日本の正規労働者は3，600万人、非正規労働者は2，100万人です。安定しているという公務員も会計年度任用職員が多くなっています。そして最低賃金があまりにも低いです。

ホームレスの支援活動をしていると、ひとりぼっちの若者が多いことに気が付きます。

親や兄弟がいても関係が希薄、同じ家に住んでいても養ってもらえなくなり、家を出ていけと言われても行くところがなく、ネットカフェに泊まったり隙間仕事をしたりしています。

今「闇バイト」ということをよく聞きますが、バイトではなく強盗です。

そういうことにならないためにも最低賃金をきちんとすることが必要だと思います。

また、療育手帳を持たないが知的障がいや発達障がいがあるのではないかと思われる若者が増えていると思います。

〈困ったときに支えるひと、相談場所、経済的保障を〉

児童養護施設を出た後、困ったことがあれば相談したり、支援を受けられる場所があると良いと思います。自立支援ホームの充実や拡大が望まれます。

地域で古本店をしながら居場所づくり・就労支援をしているひとがいます。お菓子、お茶を置き、若者が集まりゲームなどをして交流しています。古本は寄付のみ受付け、買取はしません。ひとつの新しい試みではないでしょうか。希望の持てる社会であることを願っています。（しみず　えつこ）

▼現代日本における子ども、若者の貧困と支援を考える

生活困難者支援～子ども食堂を切り口に～

一般社団法人心理＆福祉サポートステーション折り紙　代表理事
（社会福祉士　臨床発達心理士SV　公認心理師）　坂本佳代子

先ず自己紹介をさせて頂く。大学卒業後一貫して障害者福祉に携わってきた。定年後は独立型社会福祉士事務所を開設し、施設第三者評価《施設の応援団を目睹して》と障害者の成年後見《本人と家族支援を目指して》を2本柱として活動してきた。合わせてホームレス支援に関わり、東京都新宿区役所でのホームレス相談所「とまりぎ」の心理相談員等々を担ってきた。また大学教員として聖学院大学児童学科において主として障害児保育、社会的養護の講座を担当してきた。

現在は地元埼玉県新座市地域自立支援協議会会長を担っている。ホームレス支援では東京都中野区の一般社団法人ねこのての心理相談員でもある。2022年には一般社団法人心理＆福祉サポートステーション折り紙を開設した。法人の主たる業務は法人後見である。「財産管理だけでなく、身上保護をきちんと実践する法人後見」を謳っており、実践しているつもりである。

さて、今回は「子ども食堂を切り口として子どもの貧困についての取り組み実践を紹介して欲しい」との依頼であった。私は思わず「う～ん」と唸ってしまった。子ども食堂は生活困窮者を大前提としながらもそこに留まらないからである。

よって本日は、これまで私が関わってきている「食」の活動である子ども食堂を紹介する。あくまで筆者個人の体験であるので、一般論を述べるものではないが、実在する子ども食堂の一つの在り方であることは間違いない。

ぴえろの遊び広場（日本臨床発達心理士会埼玉支部）：東日本大震災被災者支援の一環として開始（2011年3月～2017年3月）

2011年3月の福島第一原子力発電所の爆発のため、福島県浜通りの住民がさいたまスーパーアリーナにバスを連ねて避難して来られた。日本臨床発達心理士会埼玉支部はいち早く支援に入った。その支援活動としてスーパーアリーナ内で1日に2回、**ぴえろの遊び広場**を開催し、子どもの預かり・遊び・子育て相談に対応した。

スーパーアリーナの緊急一時避難所は3月31日で閉所となり、福島県双葉町は埼玉県加須市の旧騎西高校に町機能毎避難することになった。本会は継続して双葉町支援をする事とした。旧騎西高校での**ぴえろの遊び広場**では、子どもの預かり・遊び・昼食・親グループのサロンと相談の4本柱で実施した。

ここでの大きな特色はやはり昼食である。〈昼食〉は子どもたちに希望を聞き、それを踏まえて支援者・保護者・子ども達みんなで作り、みんなで食べることを頑なに守った。体と心の双方の発達を願ってのことである。

本活動は被災者支援の一環である。しかし、時を経て被災者支援からコミュニティー作りへの転換が重要だと考えるよう

になり、筆者が中心となって新たにすくすく広場を結成した。

すくすく広場（埼玉県加須市の一般社団法人すくすく広場）：市民中心で結成。ぴえろの遊び広場を引き継ぎながら、子ども食堂を展開（2016年9月～現在）。

本活動にはボランティアとして多くの地域住民が参加してくれたが、分けても教員や元教員が多く集まった。同時に栄養士の参加や食事作り希望の方の申し出も多く頂いた。これらの人的環境を踏まえ、**すくすく広場**の柱立てを〈食べる〉〈遊ぶ〉〈学ぶ〉とした。

子ども食堂は基本的に生活困窮家庭を意識した支援である。本活動の特徴としては、会場を定めずに市内の、特に母子家庭が多く生活している団地等の必要な地域に出向いて子ども食堂を開催する方式を採ってきたことが挙げられる。

柱立ての一つである〈食べる〉については栄養士がいたお陰か、子ども食堂に集う乳児達への離乳食も提供することが出来ていた。

〈遊ぶ〉活動の中では、スタッフと子どもが遊んでいる所に母が近づいてきて、そこから自然に子育て相談が始まることがしばしばであった。「おまえのしつけが悪いんだ」、「お母さんが子どもさんと楽しく遊ぶようにしてね、と言われるが苦しい」と気持ちを漏らしたり、「離婚しようと考えている」等の相談になることもあった。時には別室で個別相談をする事もある。

〈学ぶ〉ことは貧困の連鎖を断ち切るための根幹でもある。外国人労働者の多い地域もあり、南米出身の子ども達が多く参加している。週1回勉強会を開催し、マンツーマンで元教員等が支援に当たっている。

わくわくこども食堂（東京都中野区の一般社団法人ねこのて）：本法人の中心事業は日常生活支援住居施設「わかば荘」であり、合わせて子ども図書室と子ども食堂事業等を展開している（2016年～現在）。

「お母さん達がホッと出来るひと時を」という理事長の思いで始まった。子ども食堂は月2回実施しており、町会婦人部が食事作りを担当してくれている。筆者は子ども食堂に繋がるよろず相談を担当しており、障害当事者や子育て中の親からの相談に対応してきている。同時に子ども食堂から発展して学習支援等も実施している。

ぽれぽれ広場（埼玉県さいたま市の一般社団法人心理＆福祉サポートステーション折り紙）：（2023年4月～現在）

本活動は法人が所属する団地の課題（子どもへの支援が手薄）及びご近所の多世代交流の活性化への取り組みとして位置付いている。合わせて、法人の主力事業（身上保護に力点を置く法人後見）の強化・充実にも寄与している。

ぽれぽれ広場オリジナルの取り組みとして〈一組食堂〉がある。メイン参加者が安心できるように限定された者のみの構成とし、皆で食事を作り一緒に食べ「おいしい！」との喜びを共有し合う取り組みである。生きにくさを抱える人達の対人支援としての特徴的な取り組みとなってきていると認識し、自負している。

「子ども食堂」の名の下に、多様な取り組みが展開されているが、活動の中心である「食」は単にお腹を満たす目的だけではなく、人と人をつなぎ、心を癒やす根源的な支援力という属性を持っていることを重ねて強調したい。

（さかもと　かよこ）

▼現代日本における子ども、若者の貧困と支援を考える

福祉事務所から見た子ども・若者への支援

東京都板橋区福祉事務所　横田　敏

生活保護ケースワーカーから見える子どもたち

「子どもの貧困」という言葉が当たり前のように定着し、「子どもの貧困対策の推進に関する法律」が施行されて10年以上が経過しました(※1)。

生活保護現場に現れる子どもたちの姿は、この法律の前後であってもあまり大きな変わりはありません。

そもそも生活保護は、救貧制度であり、生活保護を利用しているということは「貧困から救済」されているはずですが、実際はどうでしょうか。

生活保護利用中に世帯分離で多額の借金を抱えて進学する大学生、そもそも進学自体が考えられない中高生、子どもたちが進学を諦めざるを得ない状況というのは、今も続いているのではないかと思います。

現在、被保護者人員202万人のうち、約17万人（8・6％）は19歳以下の子ども・若者たちです(※2)。この17万人の子ども・若者たちに「生活保護バッシング」の声を聞かせるのか、それとも応援の声を届けるのか、我々大人たちに問われています。

各地で行われる学習支援

現場の生活保護ケースワーカーたちは、子どもたちへの学習支援の必要性を昭和の時代から感じていました。1980年代に都内江戸川区のケースワーカーたちのボランティアで始まった「中3勉強会」は、後に生活困窮者自立支援法による「子どもの学習・生活支援事業」に法定化され、生活保護世帯のみならずに低所得世帯への学習支援が全国で行われることになりました。

さらには各地で自治体独自の支援が行われ、例えば東京都では「受験生チャレンジ支援貸付事業」として中高の受験生に通塾費用や受験料を無利子で貸し付け、高校・大学に入学をすれば返済免除、という事業が実施されています。他の自治体でも通塾クーポンを支給するなど、生活保護世帯に限らない学習支援が各地で行われています。

現場で出会う子どもたち

生活保護世帯であるからといって必ずしも子どもたちの通学や進学に問題があるわけではありません。

しかし、特段の配慮や声掛けを必要とする世帯があることも事実です。例えば、外国籍の保護者は入学式を控えながら、我が子のランドセルを自身で用意することを知りませんでした。電気ガス水道が止まる中で、学校のシャワーで清潔保持が行われていた中学生。通学先から「学校に来るな」「定時制公立高しか行けるところがない」と言われていた中3生に、貸付制度を利用しての全日制私立高校進学を勧めたこともありました（この時は保護利用者、通学先教諭のいずれもが「生活保護世帯は私立高校に行けない」と誤解していました）。

「〇（まる）カツ！」と「子どもの進路選択支援事業」

多忙を極める生活保護ケースワーカーですが、子どもたちに会うことが出来、その

状況を知りうる立場にあります。

「子どもたちと何を話せばよいかわからない」「そもそも母子保健や教育行政の仕事ではないのか」との声のほか、利用世帯の記録（ケース記録）には子どもたちについての記載が薄く、保護者への就労支援や収入変更の記録ばかりが記載されている、と聞くこともあります。

本来は通園・通学先、スクールソーシャルワーカー、子ども支援員などと連携し、子どもたちへの支援をケースワーカーも一緒に考えていくことが必要です。

厚生労働省は、生活保護世帯の中高生向け進路支援冊子「〇（まる）カツ−!」をホームページで公開しています(※3)。奨学金や授業料免除、就職、アルバイト時の収入認定の取り扱いなどを案内し、自治体向け会議でも同冊子を積極的に活用するよう求めています。

また、2024年10月からは「子どもの進路選択支援事業」(※4)が法定化され、子育て中の生活保護世帯に対し、ケースワーカーによる支援を補い、訪問等のアウトリーチ型手法により学習・生活環境の改善、進路選択や奨学金の活用等に関する相談・助言が行われるようになりました（但し、任意事業）。

生活保護が持つ力

20年以上生活保護現場にいる私は、生活保護だからこそできる支援を知っています。

小学生の頃から精神科医療機関への入院を繰り返してきた若者、暴力の渦の中でヤングケアラーとして過ごし高校を中退せざるを得なかった若者、出会った際にはいずれも20歳を過ぎていましたが、私は高校進学を支援しました。

生活保護費のうち、高等学校等就学費（生業扶助）は年齢に関係なく支給できるのかということについて、『生活保護別冊問答集（問7−154）』では、「通常、中学校を卒業して数年以上経過しているような場合においては、就労等によって稼働能力を活用すべき状況にあるものと思われるため、高等学校等就学費の給付対象とはならないものと考えられる。」「ただし、当該被保護者がやむを得ない事情によって、現に就労していない場合等において、ただちに稼働能力の活用を求めるよりも高等学校等へ就学することが確実に世帯の自立助長に資すると見込まれる場合に限り、高等学校等就学費の給付を認めることとして差し支えない（以下略）」とされています。

また、行き場を失った10代20代の若者たちについては、住宅支援などにより、新たな人生や再スタートを支援しました。

これらは福祉事務所だけで支援できるものではなく、支援団体や関係機関との連携がなければ実現しませんでした。

生活保護は「お金さえ出しておけばよい」というわけではありません。ケースワーカーは「見ようとしないと見えない」課題を発見し、利用者とそれを話し合えるような関係性を作らなければなりません。そのためには「支援者修行」とでも呼ぶべき支援者側の姿勢が必要ですが、生活保護法第1条「自立の助長」を図るため、ケースワーカーに出来ること、求められることを今後も考えていきたいと思います。

（よこた　さとし）

※1　2014年1月17日施行
※2　2024年3月18日 厚生労働省社会・援護局関係主管課長会議資料　https://www.mhlw.go.jp/content/12201000/001225094.pdf
※3　厚生労働省　生活保護世帯の中高生向け進路支援冊子「〇（まる）カツ−!」　https://www.mhlw.go.jp/content/12201000/001225094.pdf
※4　「子どもの進路選択支援事業の実施について」令和6年9月2日厚生労働省社会・援護局保護課長通知　https://www.chuohoki.co.jp/correction02/pdf/R060902shaenhohatsu0902dai1.pdf

全体会「生活保護利用者の思い」
～「生活保護によって『一本の牛乳を買いに行ける安心』を得られた」

生活保護利用者A

まず始めにお断りしなければなりませんが、DV被害で私は他県から引っ越しして来ましたが、具体的にどんなDV被害を受けて来たかを「話せる範囲でお願いします」と、依頼がありましたので、何項目か、発言させて下さい。話の始めに当時の「身体や言葉」による暴力を皆さんに話をすると、最後まで、メンタル面で発言が出来なくなるかも知れませんので、そこの所はご承知おき下さい。

私は10年余り前から埼玉県内で生活保護を利用しています。他県で数年にわたり内縁の夫からのDVを受けていましたが、彼が病気で入院したときに、安心できる時間があるということを初めて実感し、近所の支援者のお世話になって、逃げ出すようにして、埼玉県に来て生活保護が始まりました。今もPTSD（心的外傷後ストレス障害）の治療を続けています。病状はだんだんと回復していますが、現在も精神障害者手帳3級の状態です。主治医からは、まだまだ普通の仕事は無理と言われています。

埼玉に来る前の数年間は、今から思えば、DVを受けている被害者という自覚はなく、彼からの脅迫、暴力に支配され、マインドコントロールされていた毎日でした。交際し始めたときの彼は「働き者の男性で、人当たりも良く、友達や仕事先の若い方達とも分け隔てない関係を築いている風に見える人」でした。ところが、わずか2か月待たずして、裏の顔と、表の顔に翻弄される毎日となりました。

当時、同じ職場で働いていましたから、私が他の女性、男性とほんの少しでも会話をしているのを見つけると、「何を話していた‼、仕事中にヘラヘラするんじゃない」と、彼の部屋に呼びつけられ、初めて、髪の毛を持たれて、部屋中引きずり回され、足で頭を蹴られ、壁に叩きつけられました。それが日常茶飯事となりました。

なぜ、逃げ出さなかったとよく聞かれます。私の一番逃げ出せなかった理由として、彼は私の実家の住所を知っていまして、実家に住む高齢の母に暴力を振るわれるのがとっても怖かったのです。力では私は彼には絶対的に勝てない気持ちでいっぱいでしたから、それが本当に恐ろしかったのです。

後で考えると、警察に相談をすれば良かったのでしょうが、当時は、DV被害で「警察に相談していたが、相談にのってくれなかった。又、相談にはのってもらっていたが、不意を突かれ家の中に入られ殺された」と、マスコミでは、かなり報道されていました。

時間に追われ、生活に追われ、「1人物思いにふける時間」も全てマインドをコントロールされた「腑抜け状態」で、逃げる気持ちすらも男に見透かされているかもと言うほど、びくびく追い込まれていました。「力と言葉の暴力」でだんだん思考やマインドが壊されていきました。

埼玉に来て、やっとDVから逃げられ、再起をめざすのですが、そう簡単ではありませんでした。体がいうことをきかないのです。今思い返せば、引っ越しして、遠く離れた生活を始めても、マインドコントロールから抜け出せていなかったのです。その後の心身は、楽になるどころか男の声、足音、電話、匂いの幻覚、幻聴、フラッシュバック、過呼吸、貧血、睡眠不足、そして昼夜逆転ではなく、1時間寝て3時間起きて、2時間寝て30分起きて、生活リズムが無茶苦茶で病院での検査結果は紛れもなくPTSDとなりました。10年以上経った今も、病院通いは続いています。いまでも、DVを受けたときの状況がよみがえってくるのです。包丁で頭をこづかれ、足で蹴飛ばされ、家中引き回され、下を向いている私に、「いつまでも、面白くない顔をしてるな!生活費はお前が働いて稼げ!働いてもいいが、残業はしないで、早く帰れ!今日は、仕事を休め!俺の世話をする為に休め!残業時間を誤魔化して、遊んでないか?チェックするから給料明細を見せろ!俺の面倒はお前が見ろ!サラ金で金を借りろ!駄目ならヤミ金で借りろ!足を揉め、肩を揉め!電話は5回のコール迄に取れ!」と罵声をあびせられました。

生活保護になって、お金のことよりも、「一本の牛乳を買いにいける安心」を得られたことがよかったように感じます。もちろん、何とか生活できていることや、医療費がかからず療養ができることも生活保護のよいところですが、私のようなDV被害者にとっては、生活保護によって「安心、平穏な生活」を得られたことが大きいのです。

ただ、生活保護で安心は得られたものの、やはり、最近の物価高に合わせて保護費を上げてほしいと思います。スーパーでも米やパン、卵を始め、生活に必要な食料品がドンドン上がっています。家計の工夫をしようがないのです。また、毎年の異常な暑さに対してクーラーをかけたいのですが、かけると当然ながら電気代が途端に上がってしまいます。私のアパートも今年の夏場は異常な暑さだったので、もっとクーラーをつけたかったのですが、節約せざるを得なく、それでも電気代は8月には1万2500円もかかり、その分、食費を削らざるを得ませんでした。

ケースワーカーさんへのお願いとしては、家庭訪問のときに、もっと私たち利用者の要望をきいてもらえないだろうかと思います。2カ月に1回ほど訪問にきてくれますが、お話はだいたい10分ほどです。私が精神障害者手帳の3級になったのは最近のことです。保護を利用し始めた頃は、状態はもっと悪かったので、もっと早く手帳の申請をしていたら2級の可能性もあったのではと思っています。2級であれば障害者加算が支給されるので月々の生活費も1万6000円は増えていたことになります。

ケースワーカーの方々は、私たちよりも、福祉や生活保護の制度をよく知っておられると思います。使える制度を漏れなくアドバイスしていただくようにお願い致します。今回、登壇の機会を与えて頂いた事に感謝致します。辛い経験でしたが「皆に吐き出せば力になるのだ」と思い直せた事を実感しました。つたない私のお話とさせていただきます。ありがとうございました。

(A)

▼福祉事務所を立て直す～貧困に向き合う仕事づくり、職場づくり～

生活保護制度は機能しているか?～ニーズと福祉サービスの乖離～

一般社団法人　つくろい東京ファンド　小林美穂子

つくろい東京ファンドは東京都中野区に事務所があり、「住まいは人権」を旗印に「ハウジングファースト」、まずは住まいを提供するシェルター事業をしています。シェルター利用後に地域生活へ移行してもその方の困り事が全部なくなるわけではないため、生活のサポートもしています。数名のメインスタッフで、(1)シェルター事業(2)生活支援(3)アウトリーチ(4)居場所&就労(5)ソーシャルアクション(6)ITを活用した新規事業(7)外国人支援と、多様なことをやっています。喫緊の問題として、若者などの支援からぬけ落ちてしまう人、制度のはざまにいる人などをどうしたらよいのかを皆さんと今後も考え続けていけたらと思います。

1　貧困の形の変化

かつての生活困窮者は、一般的にホームレス状態や低年金の高齢者の方々を指していました。しかし最近の生活困窮者は非常に多様化しています。生活保護制度を何回利用していても、路上に戻ってしまうホームレス状態の方、家はあっても生活が苦しいという方、その中には昨今の物価高騰の影響もあり、生活保護を利用している方もしていない方もいます。ここ数年は、こういう方々が炊き出し・フードパントリーの利用者層になっています。

一方でネットカフェや個室ビデオ店で暮らしながら、スポットワーク、バイトアプリで生計を立てる若年層の相談が増えています。また依存症・障害・トラウマなどが背景にあり、必要な長期的重層的なケアを受けずに無理を重ね、更に体調を悪化させてしまう方、何度も生活保護を利用してもうまくいかない方がいます。家族との関係が悪く逃げて来た（家出）若い方もいます。困窮する外国籍の方のSOSも非常に多くあります。

このように生活困窮者が非常に多様化する中で、「生活保護制度を使いたくない、使えない、必要としていない……でも、今日のお金がない」と困っている方が増えています。

2　生活保護制度の柔軟的な運用の必要性

生活保護を使いたくない理由は様々ですが、一番多いのは扶養照会です。家族に知られることが制度利用の障壁になっている方が大勢います。私は扶養照会について発信を続けているため、全国から相談が届きます。その中に「家賃も払えない状態だが、親に知られるのであれば生活保護を受けない」という方もいます。

また、施設入所が制度利用のハードルとなっている方もいます。私どもの個室シェルターも空きがないときはありますし、自治体に選択肢があまりないことも理解しています。ですが、施設利用の選択肢しかない場合でも、たとえば1か月後にはアパートを探しましょうという案内があれば、頑張ってみようという方もいるはずです。障害があり、他人との生活が苦手な方が施設の相部屋に4か月間入所させられていたことがありました。ストレスによるパニック症状が出始めたため、ご自分でケースワーカーや嘱託医に相談してみたが、半年はそこで我慢するように言われたため、同行してアパート転宅を交渉しました。

厳しい就労指導に追いつめられる方もいます。扶養照会、施設入所、厳しい就労指導などについては、もう少し柔軟な対応をしてくれるとありがたいです。

生活保護制度は他の課題も山積みで、利用世帯の大学進学、申請時の貯金額がほぼないと利用できないこと、自動車保有等、使いにくい制度になっています。そのハードルになっている部分について変える必要性を議論していくこと、可能な限り柔軟的に運用することで生活保護への利用のハードルを下げてほしいと思います。

3　ニーズとサービスの乖離をこれ以上広げないために

悲惨な事件が報道されている「闇バイト」のことがずっと気にかかっています。同僚の佐々木大志郎が言った「支援団体は貧ビジ（貧困ビジネス）に負けていて、福祉は反社（反社会勢力）に負けている」という言葉に、私は強くショックを受けました。「お金がない」「泊るところがない」などネット検索すると、トップに貧困ビジネスの案内が出てきます。しかもそのホームページには、生活困窮している人達が今一番必要としているものを全部提供すると書いてあります。つくろい東京ファンドもそうですが、他の支援団体でもホームページ上では「相談してください」と案内はするものの、実際に相談するとどのようなサービスが受けられるのかわかりません。切迫した困窮状態にある方で、特にネットで情報を検索する世代の方々は、「即日入居」「食事支援」「貸付金制度」などの謳い文句が並ぶ充実したホームページに引き寄せられてしまいますが、行ってみると貧困ビジネスだったりします。

制度のはざまに陥る人達がいます。登録型派遣収入で生活保護を抜けた若者が、何とか生活していたのですが、アパートの更新料でつまずき、相談がありました。貸付の相談のために社会福祉協議会へ同行すると、若い職員から生育歴や職歴等を1時間以上聞かれたあげくに、家計管理をしてもらうのがよいと言われ、「今、困っている」のに何の解決にもなりませんでした。こういう突発的な危機に直面しても、頼れる親族や友人もおらず、使える制度もなければ、危険は承知でも闇金に手を出したり、怪しいバイトに申し込んでしまう危険性は俄然高くなります。

ニーズと制度の乖離をこれ以上広げないために、生活保護制度も福祉事務所も支援団体もアップデートが必要です。生活困窮が多様化していて、既存の制度ではこぼれ落ちてしまう人が多数いる中で、サイズが合わない靴を無理やりはかせても痛いだけなのです。どういう方が何に困っているのかを知り、対応していかない限り、犯罪や貧困ビジネスにからめとられる人々は増えていくでしょう。犯罪一歩手前まで行った人、手を染めてしまった人、そこから逃げて来た人、いろいろな方に出会います。福祉事務所も同じでしょう。制度の枠組みを変えるには時間がかかると思いますが、制度の中であっても一人ひとりの状況に応じて柔軟に対応することはできると思います。

何をどうすればよいのか、何が必要なのかを考えながら、私達支援団体もですが、福祉事務所もアップデートを続けて、制度をより利用しやすいものにしてもらえたらと願います。

（文責　編集委員）

▼福祉事務所を立て直す～貧困に向き合う仕事づくり、職場づくり～

生活保護ジャンパー事件後の組織的取り組みについて
～組織全体で利用者に寄り添った適正な生活保護を実践していくには～

神奈川県小田原市生活援護課　査察指導員　秋澤和典

平成29年1月に発覚した「生活保護ジャンパー事件」は長年にわたり、生活保護利用者を傷つけ続け、市民だけでなく全国の生活保護利用者、日々懸命に働くケースワーカー（以下、CWとする）、人権団体、支援団体など多くの関係者に多大なご迷惑をお掛けしたと認識している。事件に関わった当事者として改めて謝罪したい。当時の市長は事件を真摯に受け止め、全庁的課題と位置づけ、検証と改善策を早急に検討するため、「生活保護行政のあり方検討会」（以下、検討会とする）を設置した。平成29年2月28日の第1回検討会から同年3月25日の第4回検討会まで約1か月の間に本市生活保護行政の状況確認や問題点の洗い出し、改善策の検討等のとりまとめが行われ、同年4月6日に報告書が市長に提出された。同検討会で提案された改善策や実際の改善事例などについて報告する。

「生活保護行政のあり方検討会」の設置

市長の強いリーダーシップにより、事件解明の徹底、検証と迅速な対応を最優先に所管の福祉健康部ではなく、企画部主導で市役所全体の問題と捉え、事件が発覚した平成29年1月16日以降、1か月少しの短い期間で2月28日に第1回検討会を開催した。検討会は慶應義塾大学の井手教授を座長に委員には大学教授、元CWの支援団体代表や弁護士などの有識者の他、元生活保護利用者を委嘱した。「元」であるが、生活保護利用者を委員として委嘱したことは画期的と評価されている。検討会は2月28日の第1回会合から3月25日の第4回会合まで週1回ペースで開催し、わずか1か月という短期間で集中的な検証、議論を行った。事件が起きた背景をCWの専門性、職場状況、さらに市役所内部における生活保護担当部門への評価まで掘り下げて検討し、改善策を含めた報告書を取りまとめ、同年4月6日に市長に提出された。検討会の運営については広く公開することを前提に希望者が傍聴できるように最善の配慮を払い、検討会開催後速やかに配布資料を市ホームページにアップし、議事録も速やかに公開した。次の5つの取り組みについて具体的に改善を進めた。

【5つの取り組みの全体像】

①援助の専門性を高める研修や連携による学びの場の質的転換

社会福祉専門家による対人支援、神奈川県弁護士会等による法的支援の研修や全庁的な人権啓発研修を実施。本市が以前からホームレスが多い地域であることから、ホームレス支援団体や無料低額宿泊施設の代表者等との情報交換会や「包括的な支援体制及び重層的支援体制構築支援事業」として関係機関との研修会を実施している。

②利用者の視点に立った生活保護業務の見直し

最優先に既存の「保護のしおり」を見直し、生活保護「受給者」から「利用者」へ表記を変更、イラストを多用、すべての漢字にルビをふるなど、わかりやすく、自尊感情に配慮した表現に心がけた。また、窓口に「ご意見箱」を設置したほか、利用者全世帯にアンケートを実施し、利用者の声を聴く機会を設け、相談窓口に間仕切りパーテーションの設置、相談室を改修するなど相談しやすい窓口の実現に向けた執務レイアウトの見直しも行った。また、県弁護士会等との意見交換会を実施し、弁護士法人とアドバイザリー契約し、ケース検討会議で法的見解の判断に困る事例がある場合、助言をいただいている。また、生活保護申請から決定にかかる日数の短縮にも最優先に取組み、以前は14日以内の決定は30％未満であったが、取り組み後は90％が14日以内に決定し、現在も維持している。また、制度の説明や生活上有益な様々な情報を掲載した「援護課通信」（A４両面）を作成し、年3回、全利用者世帯に送付している。

③利用者に寄り添い、ケースワーカーが職務に専念できる体制づくり

以前はCW1人当たりの世帯数は平均90世帯を超えていたが、CWを増員し、取り組み後は約80世帯に減少、現在は約83世帯である。また、社会福祉士等の福祉専門職の人数を倍増させた。また、DV被害者へ配慮ある対応をするべきとの検討会からの指摘により、現在は女性CWを6倍の12人配置している。市長・副市長の現場訪問やメッセージの発信は、現場で悩む職員の感情を和らげ、全庁的に連携して取り組む体制や何かあれば相談しやすい職場環境の改善に繋がっている。

④「自立」の概念を広げ、組織目標として自立支援の取組を掲げる

経済的自立だけでなく、「自立」の概念を広げ、庁内連携や地域力を生かして他機関と多様な協働による自立支援プログラムなどを実施している。また、市社会福祉協議会内に「福祉まるごと相談」窓口を設置し、多機関の協働による相談支援に取組んでいる。

⑤市民にひらかれた生活保護を実現する

検討会からの提言を踏まえ、市長に報告後直ぐに市民向けのシンポジウムを開催した。そして、取組み開始後から1年経過時に検証会を開き、有識者と改善策等の検証を行った。また、市役所全体の目標として、「皆が異動したい、働きたいと思える職場」を掲げ、全庁的課題として位置付けている。また、市民向けアンケートや利用者向けアンケートを実施した。

フィールドイノベーション（FI）活動による業務改善（業務の見える化）の実施

主なものとして、「3色（青・黄・赤）のクリアファイルに事務書類を所内統一のルールで処理の緊急度により分類、また、タスクボードに各CWが事務作業をカードに書き出し、朝礼で業務進捗状況等を共有し、業務の遅延や異常を未然に防止している。」など業務の見える化により、CW同士が助け合いやすい体制を図っている。

最後に……

この「ジャンパー事件」は永遠に消えることはないことを念頭に、二度と不祥事事例を起こさないよう、「あり方検討会」で示された取組みを継承し発信していくとともに、全国の福祉事務所の先進事例等を参考にアップデートし、今後も利用者に寄り添った生活保護の適正実施を行っていきたい。最後に報告書のむすびに書かれている「生活保護利用者はみな、地域に生きる市民である。ケースワーカーはみな、市役所と利用者との信頼の結び目である」のメッセージを紹介して終わりにする。

（あきさわ　かずのり）

▼福祉事務所を立て直す～貧困に向き合う仕事づくり、職場づくり～

より良い生活保護行政を目指して

東京都国立市健康福祉部生活福祉担当課長　左川倫乙

１．はじめに

私は２００８年９月に国立市に入職しケースワーカー（以下、ＣＷと略す）、査察指導員、課長補佐を経て２０２２年から現職となります。異動経験はありません。国立市の人口及び世帯数等はホームページをご覧ください。本年９月現在被保護世帯数は９７９世帯（１１６６人）、ＣＷ１２名（うち１名病休）、査察指導員３名となります。

２．事務懈怠について

国立市では２０１３年度から２０１７年度まで保護費の支給漏れや返還金の処理漏れが発生しました。２０１８年度に利用者への謝罪と説明、回復処理を行いました。その後、２０１９年度より有識者による国立市生活保護業務適正化に関する調査検証委員会を条例により設置し、原因の分析と再発防止策の検証を行いました。

再発防止の取り組みに一定の成果がみられたので２０２１年度から、調査検証委員会を「国立市生活保護行政等運営審議会」に改組しました。調査検証委員会と同様に条例設置とすることで、行政に第３者のチェックが入る体制を維持しております。

議論の詳細や答申等は、ホームページで過去の委員会の資料を公開していますので、ご覧ください。

３．重点的な取り組み

調査検証委員会での議論や答申で、事務懈怠は生活保護利用者の人権（最低生活を営む権利）を毀損していた、生活保護利用者の権利を侵害していた、と言う厳しい指摘を受けました。それらの議論・指摘を踏まえ国立市では以下の三点について重点的に取り組んでいます。

①人権意識の向上及び公務員倫理と法令遵守を意識するための研修

調査検証委員会では研修の重要性及び必要性が議論されました。それを受けスーパーバイズ研修の予算を確保しました。また研修実施にあたっては査察指導員や管理職が受けさせたい研修だけではなくＣＷがどのような内容の研修を受けたいかをアンケートを取って、企画しています。

特徴的な取り組みとして、生活保護の基本や公務員倫理等を学べる初歩的な内容の研修資料「生活保護きほんのき」を作成しました。それを使い、新たに配属になった職員と１～２日間かけて研修を実施し、ＣＷの業務がイメージできるようにしています。またスーパーバイズ研修では、利用者が必要としていること、行政が期待されていることを学ぶため、利用者支援に取り組む団体や弁護士、生活保護行政の研究者等を講師に招いています。

今年度は当市で生活保護を利用し、就労自立した元利用者さんに登壇していただき、ＣＷの支援で印象に残っていること、生活保護利用当時の気持ちなどをお聞きする予定であり、この取り組みは全国的にも珍しいものではないかと思っています。

②職員が孤立しないための組織風土と仕組みづくり

利用者は担当ＣＷ個人のお客様ではなく、市役所や福祉事務所全体のお客様だということを日々職員に伝えています。申告書類や申請書類の処理は一義的には担当者の仕事になるかもしれませんが、全体で考えれば、その処理も市役所全体の仕事です。時間がない時、大変な時はお互い様なので、職員皆でやろうということを日々声掛けし、意識づけしています。また収受文書や未処理の申告書類等は個人で保管せず、保管場所を統一し、一日の仕事が終わった時に必ず課長席前のキャビネットに未処理の申告書類等を保管した文書箱で収納し、翌朝そこから自席に持っていくように書類等の進捗を見える化しています。その他、小規模自治体ならではの取り組みとして地区担当制ではなく輪番制で新規の生活保護開始決定を行い、そのまま担当する形になっています。

③利用しやすい生活保護行政の実現の為に

特徴的な取り組みとして「生活保護のしおり」を見直す際、素案をホームページに公開し、利用者にお知らせを送付し意見を求めたほか、支援団体、市議会議員等にも送付し、意見を求めたことが挙げられます。また現在はホームページで保護申請書の他、各種申告書類等がダウンロード可能になっています。今後はオンライン申請、保護利用者向けのしおりの作成、利用者アンケート等を実施する方向で準備しています。

その他生活困窮者の支援を行っている団体との連携、市役所庁舎の窓に相談窓口の掲示をする等を行っています。

4. おわりに

①生活保護を利用している方へ

生活保護の実務者として「適切な対応ではなかったのではないか」と反省していることがたくさんあります。利用者の方も疑問がある場合には遠慮せずに指摘していただければと感じています。またご自身の権利を守るために弁護士や支援団体に相談することも必要だと思います。

②弁護士や支援団体の方へ

職員が不適切な対応をしている場合、職員個人を批判するのではなく、冷静に組織に対して問題点を指摘していただければと思います。このような対応が本来のやり方ではとアドバイスをしていただけると利用者支援において双方にプラスに働くと感じています。

③福祉事務所の方へ

辛い時は公務員を志した時に胸に抱いていた気持ち、住民のために働こう、住民福祉の向上のために働こうと思ったことを思い出してください。忙しさからその気持ちを忘れてしまうこともあるかもしれません。ちょっとした時にその頃の気持ちを思い出してください。一方で様々な出来事から仕事に対して負の感情が生まれてしまうこともあります。その時はその気持ちに蓋をせず、悩みを仲間に打ち明けたり、上司に相談したりして、一人で辛い気持ちを抱え込まないでください。

査察指導員は福祉事務所の肝だと言えます。それゆえ大変な仕事です。利用者と行政が敵対関係にならないよう冷静に調整してください。CWが孤独を感じないよう、常に目を配るように意識してください。また査察指導員自身が一人で抱まず、管理職を積極的に巻き込んでいきましょう。

管理職は部下の声を聞かなければ部下を守ることができません。その点を意識してください。利用者の方が管理職に直接クレームを入れることは悪いことではありません。管理職に直接電話することも市民の権利です。私自身は極力「またお電話ください」と電話を終えるようにしています。管理職が部下の声や利用者の声を聞くことを嫌がらず、面倒くさがらずに受け止める姿勢を示すことがCWの安心感に繋がると思います。

紙面の都合上、触れられなかった取り組みについては国立市の生活保護のページをご覧いただけると幸いです。また直接のお問い合わせもお待ちしております。

（さがわ　ともつぐ）

第56回公的扶助研究全国セミナー〈政策講座〉

「生活保護法」から「生活保障法」へ～日本弁護士連合会の提言に学ぶ

弁護士・日弁連貧困問題対策本部副本部長　猪股　正

1　はじめに

日本弁護士連合会（以下「日弁連」という。）は、2024年10月、第66回人権擁護大会において、「生活保障の制定等により、すべての人の生存権が保障され、誰もが安心して暮らせる社会の実現を求める決議」を採択した。本決議は、ドイツ、スウェーデン及び韓国への海外調査、東京都足立区など国内の9自治体への訪問調査を含む約1年間の調査研究を踏まえて起草され採択された。本決議の内容及び400頁超の基調報告書データが日弁連ホームページに掲載されているので、参照いただきたい。私は、本決議の起草委員の1人であり、準備を担当した実行委員会の一員としてドイツ、スウェーデンなどの調査にも参加した。

本決議は、現行の生活保護制度が機能不全に陥っている現状と要因を指摘し、生活保護法から生活保障法への改正等を提言し、その早期実現に向けて日弁連として全力で取り組むことを宣言したものである。提言の実現に向けた協働をお願いしつつ、以下、日弁連の提言内容のポイントを紹介する。

2　セーフティネットの機能・役割を果たしていない生活保護制度

現行の生活保護制度は、その利用にたどり着けず、何とか利用にたどり着いたとしても、「健康で文化的な最低限度の生活を保障していない」という2つの側面で、セーフティネットとしての機能・役割を果たしていない。

（1）生活保護制度の利用にたどり着けない

生活保護の利用者数は、2015年3月の217万4000人をピークに、その後の各調査時点で減少し、コロナ禍前の2019年12月時点では207万人、2024年5月には201万4000人と減少し、コロナ禍というパンデミックに遭遇しても増えるどころか減り続けた。

生活保護の利用率は1.6％程度であり、これに対し、2021年の相対的貧困率（127万円を下回る所得しか得ていない人の割合。）は15.4％、人数にして1900万人を上回ることからすれば、貧困とされる人の1割程度しか生活保護の利用にたどり着いていないことになる。この割合は、諸外国と比較しても極めて低くなっている。

日本の生活保護のような公的扶助制度について、その医療費を除く支出額の対GDP比をOECD統計に基づいて国際比較すると、フランスは1.41％、イギリスは1.25％、ドイツは0.95％、アメリカは0.9％であるのに対し、日本はわずか0.29％であり、アメリカの3分の1にも及ばない。日本では、生活保護費が日本の国家財政を圧迫しているかのように言いはやされることがあるが、そのような事実は全くない。

外国人には、生存権の保障すら及ばないものとされ、特に仮放免等の非正規滞在の外国人は、働くことも、生活保護を始めとする生活保障制度を利用することも許されていない。

(2)「健康で文化的な最低限度の生活」を保障していない

生活保護基準は、ナショナル・ミニマム、すなわち「国が国民に最低限保障すべき生活水準」とも言われ、生存権保障の岩盤をなすものであり、最低賃金、就学援助など、労働、税金、教育、医療、介護などに関わる47以上の基準と連動している。

ところが、2004年から老齢加算が段階的に廃止され、2013年からは生活扶助基準が平均6・5%、最大10%という史上最大の規模で引き下げられた。さらに2015年からは住宅扶助基準と冬期加算、2018年からは生活扶助基準が再び平均1・8%、最大5%も引き下げられるとともに、母子加算・児童養育加算などの引下げも行われた。

2013年からの生活扶助基準引下げに対しては、全国29の都道府県で1000名を越える生活保護利用者が原告となって31件の訴訟が提起された。2025年1月末現在、34件の地方裁判所・高等裁判所での判決が出ているが、原告側勝訴が20件であり、行政訴訟としては異例の勝訴率となっている。とりわけ、2023年11月30日の名古屋高裁判決は、「健康で文化的な最低限度の生活といえるためには、3度の食事ができるだけでなく、基本的な栄養バランスのとれた食事、親族間や地域における対人関係、自分なりに何らかの楽しみが行えることが必要である」と指摘した上で、減額処分を取り消し、さらに、国に慰謝料の支払まで認める画期的な判決を言い渡した。

また、生活保護利用世帯の子どもが大学等に進学すると、その子どもを生活保護の支給対象から外す運用がなされているという問題もある。

3　機能・役割を果たしていない要因

生活保護制度が機能を果たせていない要因としては、生活保護制度の問題と、それと密接に関わる社会保障制度全体の問題がある。

(1) 選別主義とその問題点

社会保障全体の在り方に関連する選別主義と普遍主義の問題がある。両者の違いは対象者を選別・限定するか否かにある。選別主義は、社会保障給付を所得調査によって対象を限定して行うことをいい、ターゲッティズムともいわれ、これに対し、普遍主義は、社会保障給付を所得調査抜きにすべての市民を対象として行うことをいい、ユニバーサリズムともいわれる。

選別主義には、①資産・所得調査によりスティグマと利用抑制が生じること、②受益者の限定による制度への支持の縮小・給付水準の低下、③対象者と非対象者の線引きによる分断と対立・スティグマの強化、④国家公認の貧困者と認定することは人々の尊厳を傷付けることから「真に必要なものに限ると、真に必要なものに届かない」(福祉のパラドクス。唐鎌直義佐久大学教授)という漏給を生じるなどの問題点がある。

(2) 選別性・限定性の強化と人々の分断

日本では、1990年代以降、自己責任を強調する新自由主義的政策と選別主義が結び付いて、社会保障の選別性が強化されて対象者が狭く限定され、保障水準も低下し、国の政策により社会保障で支えられない人々が蔓延した。その結果、生活保護利用者は「自分より優遇されている」「怠けている」「甘えている」といった誤解・偏見・不寛容、人々の分断が広がり、生活保護バッシングを生み、同時に、「生活保護だけは死んでも受けたくない」という強烈な忌避感をも広げることとなった。

4 社会保障制度全体の在り方の見直し

生活保護制度を機能させるためには、社会保障制度全体の在り方を見直す必要がある。上記3（2）のような事態を改善するため、自己責任を強調する新自由主義的政策を転換し、給付の対象者を一部の低所得者に狭く限定していくのではなく、中間層を含む幅広い人がサービスの受け手となるよう社会保障制度の普遍性を強化していくことが重要だ。

具体的には、医療、介護、保育、教育、障害者福祉などについて自己負担の軽減や無償化を進め、誰もがサービスにアクセスできるようにすること、また、最低保障年金制度や公的な家賃補助（住宅手当）制度を創設し、生活保護以外の所得保障制度を拡充することを進める必要がある。そうすることにより、人々が、困窮に陥るリスクを減少させることができる。また、生活保護の教育扶助、住宅扶助、医療扶助、介護扶助などにより支えられる領域が限定されることから、スティグマの解消や、生活保護の利用を厳格化する圧力が弱まることにつながる。さらに、中間層の生活不安を取り除き、国民全体の受益感を高めることにより、生活保護に対するバッシングや忌避感をなくすとともに、人々の分断を解消して連帯を強化することで税負担への同意を促し、税と社会保障による所得再分配を強化することにもつながる。普遍主義を実践し幸福度が高いスウェーデンを対称軸に置くことで日本の問題点や制度改善の方向性が明確になる。

5 生活保護制度の法律上・運用上の問題点の解消

生存を脅かされる人が急増している現状において、生存の最後の砦である生活保護制度を誰もが必要に応じて利用しやすい制度にすることが喫緊の課題である。そのために、国において、第1に、現在の生活保護法を権利性を強化する内実を持つ「生活保障法」に改正すること、第2に、法改正を待つことなく速やかに厚生労働省通知等を改正すること、第3に、地方自治体において、一部の自治体の先進的な取組みを自治体間で広げ、「生活保障法」の趣旨を実現していくことが必要である。具体的には次のとおりである。

（1）「生活保護法」から「生活保障法」への改正

① 権利性を明確にするため、法律の名称を「生活保障法」に変更し、「被保護者」を「利用者」、「扶助」を「給付」とするなどのように用語を置き換える。諸外国の公的扶助制度の名称は、市民手当（ドイツ）、積極的連帯所得（フランス）、国民基礎生活保障（韓国）などであり、「保護」という恩恵的な名称ではない。

② 制度への偏見、水際作戦を根絶するため、国と実施機関の生活保障制度の周知・広報義務、教示・助言義務、捕捉率の調査・向上義務を明記する。

③ 外国人を含めた日本に滞在するすべての人が生活保障法の適用対象となることを明記する。ドイツでは、連邦憲法裁判所

判決で外国人への給付制限が違憲とされた。

④ 第1に、憲法の生存権保障の趣旨や統計・専門的知見を無視した独自の判断によって生活保障の基準が設定・変更されることを防ぐため、基準設定の手続を法律で定めることが必要である。具体的には、政治部門から独立した専門家からなる審議会において、「健康で文化的な生活」水準の需要に関する調査審議を行った上で、その結果を踏まえて国会が生活保障基準を設定すること、その需要に関する調査審議に当たって利用者の意見を反映させること、生活保障基準の改定は、統計等の客観的数値等との合理的関連性の有無について再検証を可能とする方法によらなければならないことをいずれも法律で定めることが必要である。第2に、周囲との交流、文化的生活への参加、子ども・青少年の成長発達に必要な費用を保障すること、及びこうした需要をも充足する新たな検証手法に拠ることを法律で明記する。

⑤ 職員の専門性と熱意を担保し、過重負担防止のため、ケースワーカーを福祉専門職として位置付け、ケースワーカー一人当たりが担当するケース数の上限を明記する。

⑥ 生活保護基準を僅かに超える世帯の方が生活保護利用世帯よりも生活が苦しくなるという「逆転現象」を解消するため、教育・住宅・医療・自立支援（生業）の各給付については、収入が最低生活費の130%未満であれば単独で利用可能とする。

(2) 厚生労働省通知及び厚生労働大臣告示の改正

上記⑴の法改正を待つことなく、すみやかに厚生労働省通知及び厚生労働大臣告示を次に挙げる内容に改正する。

① 経済的自立を容易にするため、保護開始時に当該世帯の最低生活費について6か月分の預貯金の保有を認める。

② 自動車の普及率が全国で8割近くに上っており、特に地方では自動車がなければ生活が成り立たない地域が広がっていることなどから、処分価値の小さい自動車について生活用品としての保有を認める。

③ 要扶養者が持つのは、一身専属的な扶養「請求権」であって、扶養を受ける義務ではないことなどから、扶養照会は、申請者が扶養義務者に自己の扶養を求める意思を示した場合に限り行う。

④ 大学・短大・専門学校等への進学率が生活保護世帯では一般世帯の約半分でしかなく、貧困の連鎖をなくすため、大学生等が生活保護制度を利用しながら就学することを認める。

⑤ 2025年度からの更なる生活保護基準引下げを中止する。

⑥ 夏の暑さの深刻化、光熱費の高騰、生活保護利用者の自殺の増加等の現状を踏まえ、夏季加算を創設する。

(3) 地方自治体の先進的取組の実践・共有による、地域からの生存権保障

生存権保障のため創意工夫した先進的取組みを実践している自治体の取組みを自治体間で共有しつつ、地域からも、すべての人の生存権が保障される社会を作っていくことが重要である。

6 最後に

「生活保障法」の制定等、本決議の早期実現に向け、連携・協働をお願いしたい。

以上

（いのまた　ただし）

第56回公的扶助研究全国セミナー〈子供の貧困分科会〉

生活保護世帯出身者の大学等進学の支援
～子どもの人生を真ん中において～

埼玉県社会福祉士会会員　佐藤　史子

本稿では、私が生活保護世帯の子どもたちの大学等への進学支援に携わった経験を通して、支援の実際や課題について報告させていただきます。

1　生活保護世帯の大学等への進学率

2018年に生活保護法の改正で進学準備金が創設され、世帯分離をして自宅から大学等に通う場合に住宅扶助を減額しない措置等が始まりました。2019年家計改善支援事業で生活保護世帯の子どもの大学等への進学支援が開始され、生活保護世帯の子どもたちの進学支援ができるようになりました。2020年に文部科学省の高等教育の修学支援新制度が始まりました。

今回のテーマは大学等への進学についてですが、高校の進学率は生活保護世帯も既に90%を超えています。一方で全世帯の大学等進学率は76・2%（現役のみ）で、浪人を入れると今84%位の人が大学等に進学をしています。しかし生活保護世帯の進学率は42・4%で、上昇傾向ではありますが、まだ一般世帯と比べると大きな差があります。

高等教育の修学支援新制度について

支援対象は大学・短大・高専・専門学校で、授業料等の減免と給付型奨学金の2種類があります。支給対象となる学生は住民税非課税世帯及びそれに準ずる世帯の学生で、生活保護世帯も含まれます。給付型奨学金の給付額は生活保護世帯で私立大学の場合は1ヶ月4万2500円です。授業料等の減免は、同様に生活保護で私立大学だと入学金が約26万円、授業料が約70万円の減免となります。しかし学費に加えて生活費も含めると年間約192万円かかると言われており、給付型奨学金と授業料等の減免では足りません。支援した子どもたちは、給付型奨学金の他に利子のある第2種奨学金を8万円から10万円ほど借りていました。足りない分はアルバイトで補うことになり、生活は大変そうでした。

2　家計改善支援事業の支援内容

まず生活保護担当ケースワーカーからの依頼で支援がスタートします。自分の担当世帯の高校生に進学希望があることを把握した段階で、家計改善支援事業につないでもらうようにしました。その後ケースワーカーと一緒に面接をし、希望する進路や志望校や卒業後のやりたいこと等を話し合います。今の生活、アルバイト、部活、保護者の進学についての意向等の状況を把握します。面接回数を重ねて信頼関係を築きながら進めます。

支援のスタートは早い方が様々な選択肢を検討できるため、少しでも進学に関心のある子、進学支援の必要性がある子がいたら、つないでもらうように依頼していました。

進学希望を確認後、自立更生費、収入認定や進学資金の準備方法等など、今後のお金の流れについてケースワーカーから説明してもらい、情報を共有します。

高校3年生の春ごろに、日本学生支援機構の予約採用の申込みがあります。その時期に奨学金の申請ができるように、「学校から書類をもらえるから捨てないで必ず取っておいてね」とケースワーカーからも声かけをしていただくようにしています。学校からお知らせが来ない、学内の掲示板には貼ってあるが自分が対象ではないと思っているという子も多くいました。奨学金の手続きは複雑で、子どもが一人で行うには難しいことが多いため、私たちも関わるようにします。

予約採用の手続き後、授業料や生活費、家から出る子どもには転居費用等も一緒に計算します。他に利用可能な奨学金や貸付制度等もこの時期に紹介します。受験料は貸付の対象ではないため自分で準備が必要ですし、大学受験は一校3万円程度かかります。10校程度受験する子どもが多くいる中、私が関わった子も、自分も10校を受けることができると思っていました。しかし調査では生活保護世帯の子どもの約7割が、受験できたのは1校だけだったと回答しています。複数受験の希望がある子の出願先を絞っていくのは難しいですが、必要なことでもあります。

受験後、合格したら初期費用の納入です。ここで問題なのは、日本学生支援機構の奨学金は入学後にしか入金されないという点です。入学前に納入が必要な初期費用を社会福祉協議会の教育支援資金で準備します。借入先が複数になるため返済の具体的なイメージを持ちづらくなるという難しさがあります。子どもに伴走しながら返済のイメージができるような支援が必要です。

家計改善支援事業では高校3年生の3月までの支援です。大学生になると生活保護ではなくなります。しかしその後も継続した関わりが必要であることが多いため、4月の段階で生活困窮者自立支援法の家計改善支援事業を利用してもらい、8割ぐらいの子どもを継続支援しています。

3　事例から考える

(1)　Aさん

まず1人目は高校生のAさんです。2年生の夏に支援を開始しました。ひとり親世帯です。高校は休みがちで、期末テストの日に学校に行けるように、朝電話をして起きたか確認する等の支援をしながら、卒業できるかを心配していましたが、やりたいと思っていた分野の専門学校に進んだのが功を奏して、今は社会人として活躍しています。

私の関わりは奨学金等の様々な制度を使う手続きの支援や授業料の納入の支援、保護者も生活扶助が減額になり、いろいろなことが不安になるので、保護者の精神的なフォローもしていました。この事例で良かったのはケースワーカーとの関係が良かったことです。「応援してるよ」等と前向きな言葉を早い段階からかけてもらっていたことで、「自分も進学できるんだ」と思ったと話していました。さらに小学生の時に担当だったケースワーカーからの励ましの言葉も覚えていました。やはりケースワーカーは人生に影響を与える大きな力を持っているのだと思いました。

(2)　Bさん

2人目はBさんです。高2から支援を始めていましたが、ヤングケアラーのため家庭状況が不安定でした。通信制高校だったため、先生とのつながりが少なく、進路について学校と相談することができませんでした。結局やりたいことがみつけられないまま大学に進学しましたが、入学した年の7月には登校しなくなり、連絡も取れなくなってしまい、学校は除籍となってしまいました。それでも入学金等の初期費用の返済は生じ、約80万円ほどの借金を背負うことになり、支援員としてもとても苦しい事例でした。

（3）事例からの学び〜子どもが真ん中？制度、大人の都合？〜
進学をイメージできない世帯

この事例で私が感じたことは、進学ということをイメージすることが難しい世帯の中で育つ子どもにとって、進学に対する気持ちや将来のことに希望をもって話すことができる存在が必要であるということです。この事例は先の事例と対照的で、ケースワーカーとの相性が良くありませんでした。ケースワーカーの姿勢は、子どもは敏感に感じ取ります。一緒に面談をしている時、ケースワーカーが「進学したらちゃんと学校に行けるの？」と言った瞬間、その子が目の前のテーブルをバンと蹴りました。「そんなことをしてはいけない」と諭すケースワーカーの対応は当然なのかもしれません。でも私は苦しそうな表情の本人を目の前にして感じた重苦しい空気を忘れられません。

その後、ケースワーカーとの話し合いの中で、ケースワーカーもこの子の世帯のことでずいぶん悩み、関わり方がわからず辛かったと話してくれました。私はチームとして一緒に考えていくこと、関わる内容を分担する事などを提案しました。苦手なことは補い合えばいいのです。行政の方々も一緒に仕事をしている様々な支援者をうまく頼っていただきたいと思いました。

奨学金が使えない学校

様々な支援の中では、日本学生支援機構の奨学金や社会福祉協議会の貸付が使えない学校（学校法人でない株式会社等が運営する学校）に進学を希望する子どももいました。一見すると普通の学校で、声優やイラストレーターになれるといった内容がホームページに華やかに載っています。声優になりたいとその学校への入学を希望した子どもには、1年間の学費は150万円かかるけれど、奨学金が使えない学校であることを説明しました。しかし本人は、オープンキャンパスで「才能がある」と言われたことが嬉しく、絶対に入学したいと言いました。オープンキャンパスで生活保護世帯であることを学校に伝えて学費の相談等をしてみるよう助言すると、「祖父母に教育ローンを組んでもらえばいい」、「18歳になるから自分のカードでお金を借りることができる」と学校から案内をされてきました。2年間で300万円以上の借金を背負うことが、この子の人生にどんな影を落とすのか想像すると、「子どもの人生を何だと思っているのだ」と憤りを感じました。本人が希望する学校に行くには、自分で1ヶ月20万円以上収入を得なくてはいけません。学校に行きながら働くことについて一緒に具体的にイメージすることで、本人は泣く泣く諦めました。本来は子どもの世帯の経済状況まで考えた進路指導を学校がすべきなのではないかと思っています。

大学、専門学校の休学、退学

大学、専門学校等の休学や退学については、奨学金の返済が生じる事例がありました。退学後80万円の負債を抱えるような事例に出会うと、退学は人生の失敗ではないけれど、進学を選択したことのあまりにも大きい代償や切なさを感じることもあります。

また、1年間休学して翌年度復学を希望した時に、奨学金は本来の修業年限しか利用できません。復学した1年間は、自分で学費も生活費も全て準備をすることになるため、復学することが難しくなります。「少し休んで、再スタートを！」ということがしづらいのです。

ヤングケアラーと進学

2事例目のBさんはヤングケアラーでしたので、母親のケアもしなくてはならない、してあげたい。でも進学もしたいという思いを持っていました。私は揺れる気持ちに寄り添いながら「自分の人生を歩んでいいんだよ」というメッセージは出し続けていましたが、では母親の食事は誰が作るのか?等、きれい事では解決しない課題もたくさんありました。

ケースワーカーさんにいつでも相談したい!

そのような中で、子どもたちはケースワーカーに相談したいと思っているということをいつも感じていました。ケースワーカーが分からないことや不安なことを聞きやすい存在であることはとても大事なことだと思います。

4　まとめ　～十分な情報提供に基く自己決定を

まとめになりますが、大学等への進学前の支援（高校生の時の支援）では、子どもには進学か就職かというところを自己決定してもらいたいと思っています。その際の自己決定には十分な情報提供が大切です。本人が理解しやすい伝え方で、十分な情報量を提供し、本人が自分で選んで、自分の人生を歩んでいくことができると良いと思います。

保護者の中には自分自身も高等教育を受けておらず、進学のイメージがつきにくい方もいます。世帯分離など制度の説明は、生活扶助はどのくらい減額になるのか、卒業後は一緒に住み続けることができるのかなど、保護者には実際に子どもが進学した後の生活をイメージできるように伝えることが必要だと思います。

高校での進路指導の際に、世帯の経済状況をあまり考慮せず進路指導が行われている例があります。進学後のお金の心配をせずに勉強できることで、安心した生活の基盤ができます。経済的な状況や本人の意思を尊重する指導がされることを願っています。学校との連携を深めていくことは課題であると考えます。

進学先の大学等で、初期費用を奨学金と相殺できる学校が増えてきています。前述のとおり日本学生支援機構の奨学金は入学後にしか入金されません。入学金や前期授業料の奨学金との相殺、または、奨学金の入金があるまで延納を可能とするなどご配慮いただけると、煩雑な手続きや返済先が複数になることが避けられ、子どもの負担が軽減されます。

最後になりますが、支援にあたっては「子どもの人生が真ん中にあるか」ということを大切に考えます。学校の利益でも、進学率の向上でもなく、あくまで子どもの人生を真ん中に据えて、進学やその先の人生に伴走することが重要だと考えています。

（さとう　ふみこ）

季刊　公的扶助研究　276号
ご愛読者カードのご紹介

□276号　特集：野宿者支援の現場から　ご感想

野宿者が、住居（アパートなど）得ても孤立．孤独から解放されないという。

日本社会の「関係の貧困」が強まっているのを実生活（私たち老夫婦の）からも感じます。すなわち、政治の問題につながってくると思います。　（湯川　勉）

第56回公的扶助研究全国セミナー〈居住福祉分科会〉

「住まいから住まうを考える」から「住まうから住まいを考える」へ

公益社団法人　埼玉県社会福祉士会
受託事業（住宅ＳＷ事業・生活困窮者自立支援相談事業）統括責任者　竹嶋　紘

はじめに

　第56回公的扶助研究全国セミナー埼玉東京大会が令和6年11月22日から24日に亘り十文字学園女子大学をメイン会場にして開催され、「居住福祉分科会」に参加した。発表者からは、居住福祉を生活保障、生存権保障として捉える視点、居住福祉の現状と今後の展望・課題について発表があったが、ここにその概要を中心に報告する。

1．常数英昭氏（社会福祉士・精神保健福祉士）の報告「住居は福祉の基盤―生活保護における居住の問題点、課題―」

　氏は、日本住宅会議の「住まいは人権」という理念に共感し、居住の問題、住宅扶助基準のあり方、生活基盤としての住まいについて関心を持ってきた。

　生活保護法の「居宅保護の原則」は「ノーマライゼーションの理念」に繋がり、「住宅扶助の金銭給付」については生活保護利用者の意に反して入所または養護を強制できないことの意味を考えることが求められると指摘した。さらに我が国の住宅政策は持ち家政策が中心で、家賃保障制度を欠いていること、２０１１年の住生活基本計画に定める住宅確保要配慮者への住宅政策が進んでない現況について課題提起があり、「住まいは人権」、「住居は福祉の基盤」とする考え方は、支援の要諦であると強調した。

＊日本住宅会議「住宅憲章」前文（１９８７年10月）
わたくしたちは、日本国憲法の精神にしたがい、人間にふさわしい住居の確保が、健康で文化的な生活を営むために必要な、国民の基本的権利であるという理念を確立し、その実現のために、この憲章を定める。住居は、生活の器として、生命の安全と健康を守り、人間の尊厳をたもち、安らぎと秩序を保障し、人間発達と福祉と幸福の基礎をつくり、文化としての居住環境を発展させ、市民社会の基礎となる。（以下、略）

2．香川泰将氏（更生施設主任指導員）の報告「福祉事務所と施設の連携」

　更生施設は、利用契約によらず行政措置に基づくもので、「生活指導を必要とする要保護者（支援の必要度が高い）が入所する通過型施設」と位置付けられている。施設では就労による自立をする人は少なく、「日常生活自立」や「社会生活自立」を目標に生活保護等を活用して地域生活を目指す人が多い。

　施設は基本的には4人部屋の相部屋で、トイレや風呂も共同利用となっている。集団生活への拒否感を抱く人もおり、利用率は低下している。また、日常生活支援住居施設が創設されたことも影響している。

　施設では近隣アパートを借り上げ、居宅生活に向けた生活訓練を行う「ステップハウス事業」への取り組みや保護施設通所事業を利用した退所後のアフターフォローにも取り組んでいる。個別支援計画に基づく支援を福祉事務所と情報共有し、地域移行のための連携・協働が不可欠であるとした。

3．多ヶ谷實氏（埼玉県社会福祉士会　居住支援法人委員会委員長）の報告「埼玉県社会福祉士会　居住支援法人の仕事」

埼玉県が2010年から取り組んだ「生活保護受給者チャレンジ支援事業」の中の「住宅ソーシャルワーカー事業（以下、住宅SW事業）」を社会福祉士会が受託した。当時は主に無料低額宿泊所（以下、無低）からの転居支援と転居後の安定した地域生活が送れる「社会的復権」を目指す事業に取り組んできたが、住まいのあり様が人間らしい生活の復権に大きく左右することを痛感してきた。

このような経過を経て、県民福祉の向上に寄与するために、2019年4月に居住支援法人の指定を受け、住宅困窮者の相談に対応してきた。相談は年間100件を超えているが、単に物件紹介だけではなく、エンパワメントに留意しながら、転居後の暮らし方を見据えた支援に取り組んでいる。行政との関係では、住宅担当部局と福祉部局との連携・協働の仕組みづくり、居住支援協議会の設立の働きかけを積極的に行っている。この働きかけは社会福祉士としてのメゾ・マクロの視点での取り組みといえる。

4．齋藤さゆり氏（埼玉県社会福祉士会　住宅SW事業副統括責任者）「住宅SW事業の実践から見えた『住まい』と『住まう』」

住宅SW事業は当初から、転居を妨げている阻害要因（緊急連絡先の確保、家族関係の修復、借金整理など）の解消を図りながら、転居支援とその後の地域生活支援（生活基盤・地域との絆・生きがいづくり、健康維持のための支援等）を一体的に行い、「住まいは命を守る基本」、「住まいの保障から生活者として住まう（暮らす）保障」に取り組んできた。

住まいの基本的機能（安らぎの空間、人としての成長、健康を守る、コミュニケーションの場など）を保障することが重要で、「居住福祉は住まいの支援と住まう支援の両輪である」とし、この14年間で9，600人の転居・地域生活支援に取り組んできたことが、事例を含めて報告された。そして、「住まい」の確保から地域の生活者として「住まう（暮らす）」を保障する視点で居住福祉に取り組みたいとした。

5．石川久仁子氏（大阪人間科学大学・教員・助言者）の報告「2024年生活困窮者自立支援法等の改正について～コロナ禍後の居住支援の新展開～」

以上の報告を受けて、住宅政策、居住福祉の今後の取り組みについて講義と助言を頂いた。

政策動向として、生活困窮者自立支援及び生活保護部会での議論の中で、①生活困窮者自立相談事業における住まい支援の明確化、重層的支援体制整備事業における多機関協働や居住支援の活用、②居住支援法人等が見守り等のサポートを行う住宅の仕組みの構築に向けての検討、③生活困窮者一時生活支援事業の実施の努力、④住居確保給付金については、新たに転居費用の補助、⑤無低については、届け出義務違反への罰則や無届疑いの施設について、保護実施機関からの都道府県への通知の仕組みづくりを骨格とする最終報告の説明がされた。

そして、生活困窮者自立支援法等が改正され、居住支援の強化のための措置として、

①住まいに関する総合相談窓口の設置（住まい相談支援員の配置）、②見守り支援の強化・サポートを行う住宅の新設、③家賃の低廉な住宅への転居支援、④その他として良質な住まいの確保となっている。

また、氏が参議院厚生労働委員会（2024年4月11日）の参考人として訴えたことは、居住困窮者の視点から考えるとして、①居住支援の質を考える段階に入っている。居住支援全国ネットワークが2022年に実施した居住困難を経験した当事者調査で、生活満足度に何が影響しているかの分析からは、最も影響を与えていたのが「物件の満足度」であった。②居住支援においては、自らの住まいを整え、維持する力、他者とつながりながらともに暮らす力、すなわち本人の居住力を再生し、高めることが重要であり、その前提に自分らしい生活の尊重、住まいを選択することが大切であり、居住福祉を実現する上で不可欠であるとの講義・助言があった。

以上の発表を踏まえて、「住まい」「住まう」について私見を述べたい。

6. 事例から

以下は私が支援で関わった生活保護利用者の事例である。

ひとつのベッドでの2人の生活～

夫婦とも統合失調症の世帯。ロフト付きのワンルームの部屋を訪問した。部屋は6畳で、テレビ、家具、暖房機器、ベッドが置かれている。座る場所もないため、立ったままでの面接となった。ひとつのベッドに夫婦が身体を寄せ合って寝ているが、夫婦喧嘩も絶えない。日当たりも良くない。転居したいということで、家を探していたが、不動産会社に更新しないことを言い忘れてしまい、結果として更新し現住居に住み続けることになった。

「俺、無料低額宿泊所から出ることにしたよ！」

家賃滞納で家を失い、ホームレス生活を経て無低に入居、すでに数年が経ち、60歳を超えていた。

「食事もあまり美味しくないし、クーラーもないし、今の生活に不満はあるけど、健康への不安もあり、孤独死になったらという不安が強い。ここは具合が悪くなったら、『助けてくれる』という安心感がある」と言う。住環境が良くないこともあり退所を説得するが、話しの入り口でシャットアウトされた。1年が経過した頃の訪問で、「出ることに決めました。手伝ってください！」と言う。無低の所長も「やっと出ることにしたか。よかったな」と喜んでくれる。

二間の古いアパートでの生活が始まった。「カーテンを開けるとお日様が入ってくるんだよ。何年振りかな」、「生きるというのは、何げないことをありがたく感じたり、陽の光に暖かさを感じたりすることなんだよね」、「死ぬ時は誰も一人で死ぬんだよね」、「これからは図書館等に行って友だちをつくるようにするよ」と話す。台所には湯呑茶碗が5つほど重ねられている。

7. 支援者の視点～「住まう」「暮らしを紡ぐ」を考える～

生活保護利用者の住まいを支援する時に、意識するのは住宅扶助の基準額であり、基準額で探せるかがメインになってしまう。ともすれば、どのような生活をしたいのか、通学・通院は、生活の利便性は、近隣とのお付き合いなど暮らしの視点から探すことを忘れがちである。また、要望に沿う物件がないのも現実であるが、「家があるだけでいい」と考えるのかといったら、明確に「ノー」である。

先の2事例は対照的な事例でもある。支援者の役割は生活保護等の活用を通して生存権保障を具現化することにあると考えると、住宅扶助の基準が妥当なのかを実態から発信していく必要がある。過去に住宅扶助基準額が引き下げられた経緯もある。

　また、住生活基本法では最低居住面積水準（以下、「面積水準」）を、「世帯人数に応じて、健康で文化的な住生活を営む基礎として必要不可欠な住宅の面積に関する水準」と定めている。例えば単身世帯25㎡、2人世帯30㎡、3人世帯40㎡となっている。2014年12月公表された生活保護受給世帯の居住実態に関する調査の集計結果からは、居住面積は単身世帯11・8㎡（一般世帯12・6㎡）、2人世帯17・5㎡（同20・8㎡）3人世帯20・1㎡（同23・2㎡）である。さらに駅までの距離も一般世帯に比べ、遠くなっているなど面積水準が満たされてない「狭・遠」の実態がある。都市部では水準が満たされない割合はさらに高いと推定される。

　住宅扶助額は地域と世帯人数によるが、面積水準を最低基準として考えた場合、憲法第25条の生存権保障に見合ったものなのかの検証と併せ地域特性を踏まえた住宅扶助基準の増額改定が必要と考える。

8．まとめ―「住まう」から「住まい」を考える

　住宅SW事業の当初のコンセプトは「住まい」から「住まう」視点で関わってきたが、支援の中で本人がどのような生活を望んでいるかを確認し、そのために生活の基盤である「住まい」「生活空間」を保障することが重要であるという気づきが得られた。まさに「生活者の視点」で生存権保障を考えた場合、「住まい」から「住まう」を発展させ、「どのような生活をしたいか」をニーズとして受け止め、その上で「したい」を実現するに相応しい「住まい」を保障する「住まう」から「住まい」への視点に転換して取り組んでいく必要を痛感している。

　「住まい」という生活空間は「日常の生活を送る場として必要とされる環境の範囲を指す」と定義され、「生活空間で大切なことは、その家に住む全員が自分の居場所を確保でき、人との繋がりを持ちながらも自分らしさを守れること」であるとしている。私たちは「家」という物理的場所を求めるのではなく、まず、「住まう」という活動、暮らしをどう支援していくか、そこからスタートすることが、「居住福祉」「住まいは人権である」を実現する道になると考える。

（たけしま　ひろし）

季刊　公的扶助研究　276号　ご愛読者カードのご紹介

□276号　連載：福祉事務所と施設との連携③　母子生活支援施設の連携　ご感想

　私は、県庁退職後（2011年３月）、県内の母子生活支援施設で副施設長兼母子支援員として２年間、児童福祉の分野で仕事をしてきました。退職前はDV等を理由とした施設入所を担当していましたので、入所させる側から受け入れる側への両サイドを経験したこととなります。ですから、齋藤氏の投稿は非常に興味を持って読ませていただきました。施設在職時代に感じたことは、施設入所期間の短期化と入所中の最低生活が果たして保障されているかどうかの２つです。前者については、DV被害者世帯の問題が解決しない時点でも「期限が来たから」と退所を福祉事務所が勧めることや、後者については就職が決まったものの世帯の最低生活費に満たない収入であっても施設側と（保護の）担当福祉事務所が「仕事に就いたのだから…」という理由だけで保護を廃止（要否判定すれば当然「要」になるので、辞退届を提出させる）するということが、ある施設でまかり通っていました。施設全体を統括する全母協は是非、これらについて点検していただきたいと思っています。

（地方公務員　藤岡　良幸）

第56回公的扶助研究全国セミナー〈知的障害者福祉分科会〉

「知的障害者の地域での自立生活を支える＝生活保護制度×障害支援のサービス」

（社福）あらぐさ福祉会　中富　英二

はじめに　本文章は、２０２４年11月24日開催された、上記セミナーの報告原稿に加筆修正を加えたものです。

　私は大学卒業後地元に帰り、１９８１年社会福祉協議会委託（埼玉は多かった）の当時の小規模作業所に入職しました。以来、40数年間知的障害を中心に障害福祉の業務に従事してきました。２０００年に現在所属する法人に転職し、２００６年より相談支援業務に従事しています。

　２０２１年度から基幹相談支援センターに出向中です。

Ⅰ　Ｋさんについて

　本日、当事者として、Ｋさんにお話ししていただきました。

　Ｋさんは県内西部の市のグループホーム（以下、ＧＨ）に住んで、日中活動先に通いながら「自立」を目指しています。

　Ｋさんは、きょうされん埼玉支部の「当事者部会わかい」の役員として活躍中です。

　私事ですが、Ｋさんは私の2人のこどもが地域で通った保育所・学童保育・小中学校が同じで、後輩にあたります。

　そのような事情で私は幼少期から、Ｋさんのことをよく知っていたのですが、まさかこういうところで関わるとは、夢にも思いませんでした。

　Ｋさんは小学校入学後（通常級）から、障害による生きにくさを感じていたようで、私のこどもからも「Ｋは手がかかる」ということを聞いていました。

　年齢の関係で、中学の関りはなかったのですが、Ｋさん自身が思春期を迎えてなお難しくなったことで、親との生活に無理が生じてきていたようです。

　卒業後は特別支援学校高等部に入学しましたが、親との関係はうまくいかず、結局施設入所になりました。（ここから私との関りが再開）

　埼玉の児童施設は満杯で、他県の施設にお願いして高等部を過ごしてもらい、卒業後埼玉に帰ってきました。

　私が所属する法人のＧＨは満杯で空きがないので、きょうされんつながりで、現在のＧＨに入居して、生活保護を利用しながら暮らしています。

　同時に日中活動先にも通いながら、いずれは一人暮らしを目指して今がんばっています。

　この時期のＫさんは、まだまだこれから成長し、発達していくという感じで、正直毎日の生活や、働くこと、人との関わりなど、あらゆる場面で「てこずって」いました。

　様々なことを「やらかして」いて、ＧＨも通所先も私も頭を抱えることばかりで、本当に大丈夫なのかとヒヤヒヤでした。

　それでもＧＨと通所先の法人の発達保障に基づいた粘り強い取り組みの中で、少しずつ成長し、今日素晴らしい女性になりました。

　労働や生活の場面での信頼関係の構築、医療や生活保護の経済支援がＫさんを支えているのは言うまでもありません。

　今後はここをさらに充実させて、Ｋさん

が青年らしい生活を送り、その先の高みに向かっていくことを願ってやみません。
生活保護がその基盤になっている事例として紹介しました。

2　埼玉県について　人口はまだ増加中で（730万人）63市町村と自治体が多く、（かつては92市町村）南部中心に保育所・学童は依然として入所待機が多いです。北部・秩父圏域は人口が減っています。

①自治体はどこも職員削減、非正規、パート化、窓口丸ごと委託などが進んでいます。
②事業は社会福祉を中心に、民間委託、指定管理、統廃合（学校・保育所・学童・図書館・公民館・病院）が進んでいます。
③障害関係は、児童中心に急増、特に発達障害や医療的ケア児等の増加が目立っています。
④特別支援学校はどこもパンク状態です。（県内約200教室不足）
⑤御多分にもれず、障害関係や保育所も民間企業参入の嵐です。
⑥主に知的障害の入所施設待機は1600人、結果としてグループホームは「恵」問題（※）に。
⑦学校はどこも教員が足りません。

3　歴史を振り返りながら

①私が就職した1981年は、国連の国際障害者年のスタートと国の第2次臨時行政調査会（いわゆる臨調行革と厚生省社保第123号通知）と相反する2つの潮流が始まった年で、障害福祉については、本格整備はここからが始まりで、遅まきながらバリハフリー、手話通訳、施設整備が具体化していきました。
②福祉は各種「改悪」プランが次々と具体化され、全分野で現在に至る公的責任の放棄、市場化、自己責任の強調、極端な競争主義が持ち込まれました。
③公務・公共バッシングで、社会福祉（生活保護と障害福祉）は自治体職員が最も異動したくない職場になっています。
④障害分野では、様々な制度改悪でどこの社会福祉法人も概ね赤字経営に陥りました。
施設にお金を出したくない国は、入所施設の解体、GH、さらにはGHからも「追い出す」ような施策を取り始めました。
⑤地域では、80／50問題どころか、もはや90／60問題も一般化、老／老介護、老／障害介護、障／老介護、障／障害介護、ヤングケアラーも一般化しました。
⑥今後も児童と生徒は増加するので基盤整備は必要です。

4　知的障害者の地域での自立生活を支えることについて

①養護学校義務化から45年が経過し、1期生もすでに60歳に迫ります。
②義務化により、なかまの生活は大きく変わりました。
③就学前から高等部卒業までは曲がりなりにも保障されるようになってきました。
④卒業後の青年成人期も私たちの運動で働くこと・暮らすことも一定の成果と前進がありました。
⑤医療的ケア児（者）と親亡き後はまだこれからとはいえ、ここを充実させなければいけませんが、公務・公共の力が削がれている現状では、みんなの願いを実現するには難しい現状です。
⑥知的障害は、障害特性と言われていますが、知的発達にアンバランスがあり、そこから生じる様々な社会的不利、権利制限のため、援助の必要性がある障害分野です。
⑦成人期は、教育のように「義務」ではなくなるので、就労、経済的課題（生活保護を含む）、医療、暮らし（住宅を含む）などに次のような合理的配慮・差別解消が必要になります。

ア　就労しても正規雇用はほぼなく（非正

規／パート）最低賃金が除外されることもあります。

イ　年金は1級で約81000円、2級で約65000円です。（障害等級が軽度だったり、一般就労していると支給されない場合もあり、わずかな手当の上乗せや、医療費補助があっても低収入であることに変わりがありません。）

　知的障害の世界では、就労収入と年金で15万円超えると高給取りと言われている一方で、最近の報道の初任給30万だ、35万だってどこの国？の話です。

　私たち支援者の給料もひどいです。

ウ　障害が重ければ医療費やＪＲの割引等の減免はありますが、それで憲法に保障された「健康で文化的な生活（最低限度の最低とは劣等処遇と同等）」などとても無理です。

　Ｋさんもそこは大いに不満です。

⑧この国独特の課題

　一番大きな問題として、福祉の課題を家族責任に押し付けるこの国のありようです。

　80／50問題、90／60問題が出てくるのは、親（特に母親）に「こういう子を産んだ責任」というのが今でもついてまわり、死ぬまで一緒、棺桶2つ、80歳の親が「私は不死身」などといわせてしまうことが大きいです。

保守派がむしろその価値観を強めて攻撃してきています。

　このことが、知的障害に限らず、障害者の自立を妨げている要因になっています。

　そのため障害を持つなかまを支える制度も資源も不足したままなのは、家族にケアを代替させている国の責任（公的責任の放棄）が大きいです。

⑨社会の厳しさの中で、自己責任の押し付けや結果主義、そして競争主義が強くなっています。

5　知的障害の特性を乗り越えて終わりにかえて

　知的障害特性の中で、判断力、理解力、決定力、医療や経済の支援も必須のなかまはたくさんいます、いやほとんどといってよいです。

　それを超えて支援するのが公務・公共であり、私たち民間福祉との協同による支援です。

　困ったとき（困らなくても）いつでも相談できるところが福祉事務所であり、生活保護であり障害福祉です。

　知的障害ゆえに障害福祉や生活保護のケースワーカーが関係性を切り結ぶことは、多忙でたくさんの対象者を担当しているケースワーカーとっては容易なことではありません。

　それでも様々な課題がありますが、私たち民間の相談支援センターもあり、成年後見事業もあります。

　みんなでよってたかって、仲間をささえるためのチーム作りをして、やっていきましょう。一応どこでも多職種連携と言われていますので、どんなに障害が重くても、国籍が違っていても、憲法で生きる権利は保障されています。

　私はいつも憲法に立ち返るように努力？して40年間やってきたつもりです。

　困難な時代だからこそ、憲法を胸に、憲法に光をということを確認して終わりにします。

　最後にもう一つ、早く生活保護を抜けて自立するではなく、生活保護を利用して自立するのです。

　これは知的障害のなかまには、絶対必要なことなので、ぜひ実践してみて下さいませ。

（なかとみ　えいじ）

※障害者グループホームを運営する「恵」では、食材費の過大請求や障害福祉サービスの報酬の不正請求などの問題が明らかになり、行政処分や事業所の一括譲渡などの措置がとられています。

連載

生活保護ソーシャルワークの価値を考える〈3回連載〉

第3回　生存権の現在と未来

社会福祉士（東京社会福祉士会所属）　高木仁根

連載最後の今回は、生存権が今、どう扱われているかを少し詳しく見ていきたいと思います。

Ⅰ　生存権の現在のありようと生活保護ソーシャルワーク

(1) 生存権は権利なのか―プログラム規定説と具体的権利説

法学の分野では、生存権の法的性格について次の三説が対立してきました。まず、憲法25条の生存権条項は、国民の生存権を確保すべき政治的・道義的責任を国に課したに止まり、個々の国民に対して具体的権利として保障するものではないとするプログラム規定説があります。そしてこれに対する批判として主張されたのが抽象的権利説と具体的権利説です。

抽象的権利説は生存権条項が一応国の法的義務を規定したと考えますが、その実現には法律の制定が必要な抽象的権利に止まるとします。これに対し、具体的権利説は、裁判所が判決を下す際の直接の根拠となる性質（裁判規範性）を持つ真正の法的権利と考えます。そして生存権条項を直接の根拠として、裁判所の給付判決（生活費の支払いを命じる）ないし立法不作為（国会が生活を保障する法律を制定しないこと）の違憲確認を求めることができるとする見解です。

プログラム規定説も抽象的権利説も、結論では生存権条項の裁判規範性を否定している点で、いずれもその本質はプログラム規定説であり、この意味でプログラム規定の「消極説」と「積極説」の違いに過ぎないとの指摘があります（大須賀）。本稿でも抽象的権利説をプログラム規定説に含めて考えます。

(2) 生活保護ソーシャルワークと生存権

生活保護ソーシャルワークは、生存権条項と生活保護法に基づいて、健康で文化的な最低限度の生活（以下、「最低生活」）を人々に具体的に保障することを目的とする実践です。この実践は、主流の見解に従って生活保護法の霞んだ背景に過ぎない、単なる「理念」として生存権を持ち出すだけではその目的を十分に果たせないと筆者は考えます。というのもプログラム規定説は、生存権を行政が設定する権利にまで貶《おとし》めているからです。またプログラム規定説は、国庫負担による生活保護や社会福祉サービスの受給権が、拠出に支えられている社会保険の受給権に比べて権利性が著しく弱いといわれるような事態を支えているとの批判もあります（大須賀）。生活保護ソーシャルワーカーの価値意識としては、やはり生存権を基本的人権として実効性のある強い権利と考える具体的権利説が基礎となるのではないでしょうか。

（3）今、生活保護基準をめぐる裁判で争われていること

一方、憲法上の生存権の法的権利性は裁判や行政の現場では否定されており、生活保護基準の設定についても行政の広範な裁量が認められています。すなわち、保護の請求権は生活保護法という法律レベルで設定され、その内実である生活保護基準は厚生労働大臣が定めるとされているのです。

では、最近の生活保護基準の切り下げをめぐる裁判では法的にどのようなことが問われているのでしょうか。主流の見解によっても、行政裁量の逸脱・濫用（＝違法）と判断できる余地を裁判所に残していると考えられています（裁量統制論）。厚生労働大臣が生活保護基準を設定する際の裁量判断の過程で、「考慮すべき事項を考慮したか」「考慮すべきでない事項を排除したか」など、その判断の合理性が争われ（判断過程審査）、全国各地で提起されている訴訟でも基準切り下げの違法性を認める判決が数多く出ています。裁量統制論は、生存権が事実上「行政が設定する権利」であることを前提に、訴訟で現実的に対応するために工夫された考え方です。

2　生存権の捉え方の分かれ道

（1）「最低生活」は客観的に確定できるか

生存権の法的性格は、「最低生活は客観的に確定できるのか」という点を軸に議論されてきました。そのとき問題となるのが「低所得者層の生活水準」「国家財政」「国民感情」の3点です。具体的権利説では、特定の国の特定の時期において、最低生活水準は客観的・現実的に存在し、根拠を持って算定可能であると考えます。一方、プログラム規定説では、最低生活水準を設定する際には、この3つの不確定な政策的要素を考慮すべきと主張します。法的権利と言えるためにはその権利内容が明確に確定できることが必要ですから、この考え方は生存権の法的権利性を否定する見解につながります。

（2）低所得者の生活水準を考慮すると・・・

まず「低所得者層の生活水準」です。この水準を考慮することは、生活保護制度が保障する最低生活の水準を低下させる道につながります。まず、最低生活の水準の低下が、年金など他の社会保障制度の給付や労働者の賃金を低下させます。さらに、それらの低下が一般の「低所得者層の生活水準」に反映し、生活保護制度が保障する「最低生活」の水準がいっそう低下していきます。その結果、生存権は最低生活を保障する機能を失います。

（3）国家財政には限りがある

つぎに「国家財政」です。予算は国の自由な裁量に任された政策事項ではありません。憲法に拘束されます。つまり予算の配分の都合は、最低生活の水準を決定する要素ではなく、逆に最低生活のあり方が予算を法的に拘束します。ということは、「国家財政」は最低生活の水準を確定する際に本来考慮すべきでない要素なのです。この考え方は、朝日訴訟東京地裁判決（1960・10・19）で示されています。「財政を圧迫するから」という理由で、生存権の法的権利性が否定されるのでは、生存権を人権として保障した意味がないことになります。なぜなら人権とは、経済的コストや多数派の好みだけを理由として制約されることがない基本的権利のことだからです。

「とはいっても現実に財政にも限りがあるのでは」との疑問が生じるかもしれません。ある歴史的時期での最低生活の水準は、

その国の経済規模や国民の所得水準によって決まり、原理的に財政状況にみあう水準で確定されることになります。したがって、算定された最低生活費が国家財政の危機を招くような事態は本来的に考えられないとの指摘があります（大須賀）。一方で、人々が生存権をはじめ社会権の主体となり、不十分ながら「最低生活」を享受できるのは「先進国」に限られ、人類全体からみれば一部に過ぎないことも事実でしょう（竹内・吉崎）。

（4）「国民感情」をどう考えるか

「国民感情」はどうでしょうか。それ自体は個人の内心の問題で、絶対的な自由です。一方で、それを最低生活の水準を設定する基準にすると、「国民感情」が何らかの操作を受けた場合、やがて生存権保障を崩壊させることになりかねません。その危険性は、ナチス・ドイツや1945年8月15日以前の日本における思想弾圧、公教育・マスメディアその他の装置を通じた国民の内面に及ぶ意図的操作の結果を思い出すだけで十分でしょう。現代ではSNSの登場で、そのような危険性はむしろ一層増しているように思えます。

また、「国民感情」に大きな影響力がある「納税者負担論」にも注意が必要です。人間が共存し生き残っていくための一つの方策として、先人たちは共同性の価値を社会や国家のルール（生存権）にまで高めてきました。その意味で、納税者の負担を強調して生活保護利用者を見下したり利用を制限せよということは自滅の発想です。

さらに、「憲法が生存権を保障しているのは、財政民主主義などという多数派の意思の場から離れて、裁判上の保護を少数派に提供するために他ならない」と指摘されています（棟居1995）。一般的に人権には、多数決原理にもとづく政治作用から少数派の個人の尊厳にかかわる利益を法的に保護しようとする重要な側面があります。そのため、「国民感情」を考慮すべき要素とすることによって、少数派の権利保障という人権の趣旨を損なうことになりかねないのです。

生活保護制度が利用しにくい日本では、生活保護基準に満たない収入で生活を営んでいる貧困層も少なくないと思われます。このように生活保護制度が十分に機能していない状況では、国民の主観的な「最低生活」と憲法25条の保障する「最低生活」との間に大きなズレが生じている可能性があります。「国民感情」が生存権保障を一層掘り崩す事態がすでに現実化しているかもしれません。

3　再び生活保護ソーシャルワークの価値へ

（1）生活保護ソーシャルワーカーの職責

共同性の価値が生存権へと発展していく様子は、共同性の価値が権利という、剣と鎧《よろい》を身に着けていく過程と言えるかもしれません。生存「権」は、人権として人々の最低生活を守り、保障する力なのです。その力は未だ十分ではありませんが、様々な限界にさらされながらも、職場や社会の中でそれをより強くするよう努めることは、生活保護ソーシャルワーカーの職責のひとつではないでしょうか。

（2）ある利用者さんとのかかわりから

最後に、筆者が生活保護ソーシャルワーカーとして「価値」を強く意識するきっかけとなった経験を記します（事例として趣旨を損なわない程度に改変しています）。

20年以上前のことです。ある薬物依存症の利用者さん（以下、「Pさん」）を担当することになりました。自助グループであるNA（Narcotics Anonymous）に参加する交通費の負担が大きく、生活費を圧迫している様子でした。アルコール依存症の方がAA（Alcoholics Anonymous）などの自助グループに通う場合の交通費については実施要領に明記されており、生活移送費として支給することができました。しかし薬物依存症の方について当時は実施要領に記載がなく（現在は改正されています）、東京都の生活保護運用事例集（都の技術的助言。通称「青本」）では支給対象外と読める記載がありました。筆者は、実施要領のアルコール依存症の方に関する規定を類推適用（適切な結論を導くため、規定がない場合に類似した規定を適用する法解釈の技法）して同様に支給可能ではないかと考えました。支給しなければPさんは最低生活を下回る生活を余儀なくされてしまいます。そこで、ケース診断会議に諮りましたが、青本で認めていないのでダメと何の議論もなく支給不可とされました。これは結果的に青本を憲法や生活保護法に優先させ、違憲・違法な生活状態を継続させてしまったということを意味します。

その後、生活保護ソーシャルワーカーとしての説明責任を踏まえ、Pさんへ、福祉事務所内での手続きを経て出された組織の最終結論として、担当者としての所見や結論に至る経過も含め交通費の支給はできないことをお伝えしました。担当者として申し訳ない思いでしたが、Pさんからは意外な言葉をかけられました。「そこまでやってくれたんだ、ありがとう」と。

このかかわりの中から何かを筆者は確かに感じました。おそらくこの「感じ」が共同性の価値や生存権などの人権の核にある根源的な価値、「人間の尊厳」の実体なのではないかと思います。言い換えますと、人と人とのかかわりから湧き出てくる共感や痛みの分かちあいに伴うあたたかさ、といったものでしょうか。生活保護ソーシャルワーカーは、毎日の何気ない利用者さんとのかかわりの中からでも、絶えず「価値」を生み出せる職業だと思うようになりました。

おわりに

長年、「生存権」という言葉は、枕詞のようによく用いられる割に、実際はとても軽く扱われていると感じ続けています。その折、今回貴重な連載の機会をいただきました本誌編集委員会と、最後までおつきあいくださった読者の方々に心からお礼を申し上げます。

なお、本連載は多くの文献を参考にしました。できるだけ文中や文末に参考・引用元を記しましたが、紙幅の関係もあり割愛した文献も少なくありません。また、読みやすくしたいとの意図が、却って本文中の引用・参考箇所の明示を不十分にしてしまった感があります。この点、末筆ながらお断りしお詫び申し上げます。

（たかぎ　ひとね）

〈参考・引用文献〉

青井未帆・山本龍彦（2016）『憲法Ⅰ　人権』有斐閣。
棟居快行（1995）「第8章　生存権の具体的権利性」長谷部恭男編『リーディングズ現代の憲法』日本評論社。
野中俊彦・江橋崇編著（1985）『憲法判例集（第4版）』有斐閣。
大須賀明（1984）『生存権論』日本評論社。
竹内章郎・吉崎祥司（2017）『社会権―人権を実現するもの』大月書店。

実施要領改正のすすめ

実施要領改正意見を使おう

京都市北福祉事務所　高階康裕

実施要領改正意見というものを知ったのは約三十年前、ケースワーカー（以下、CWと略す）をしていたときです。多分それより前から毎年意見はないかと聞かれていたのでしょうが、全然認識していなかったです。ということで、私と同じようにあまり意識してこなかったCWを念頭に置いて書き始めてみました。

理屈だけでは失敗します

私が最初に意見を出したのは、在宅患者加算の糖尿病患者への拡充でした。「CWが米の値段も知らんとは片腹痛い」と言われて（米の値段ぐらいは知っていましたが）食べ物の物価を考えたときに、糖尿病の食事は通常より費用がかかるんじゃないかと思っていたからです。

結果は不採用どころか、多分京都市本庁から厚生労働省に出してもらえなかったと思います。本市本庁は一般に意見を握りつぶしたりはしませんが、私の査察指導員に「よく考えられていますけれども理屈だけですよね」と連絡が入ったとのことでした。何が欠けていたのかと今から考えてみると、理屈だけで実態を一切検討しなかったことです。費用に有意な差があることの検討どころか、具体的な食事療法の内容も聞いていませんでした。

正直、これらを調べ上げたうえで意見を出しても、時代的なこともあり、採用される可能性は少なかったかもしれません。でも、何事もまず行動です。書き方の練習にはなりました。近年、後輩たちが同様の意見を出しているので、実現してほしいものです。

経験は強い

私が提出した意見で、反映されたものを二つ自慢しましょう。

義務教育の制服について、転校したときの購入費が入学準備金の範囲内で支給できるようになりました。昔は一般の被服費基準（現行一万五千円）までは支給可能でしたが、①金額的に全く足りないものであること、②卒業生の制服を回収し、新入生に配るという事業も機能しなくなってきたこと、③学校指定と異なる制服を許容できない風潮であること等を背景として、限度額を入学準備金（中学校で現行八万千円）まで引き上げられることになったと思います。③は学校の制度で他校の制服を認めていても、いじめの対象になりやすいことがポイントでしょう。

提出した最初の年には採用されませんでした。が、全国から同様の要望があったものだと思います。

もう一つは、養育料を求めて調停や審判のために裁判所へ行く交通費が支給できるようになったことです。当事者から委任状をもらって遠くの裁判所に行ったのですが、詳しい事情が分からず、調停員の言われるがままに調停一回で請求を取り下げたことがあります。当事者なら切実な思いが伝えられ、相手方の回答へ鋭く反論できたかもしれません。

裁判費用は生活保護の対象ではないという判例があり、訴訟関係費用は何も認められなかったものが、養育料のための交通費は別だろうと認められたのは前進だと思います。

制度大枠の運用でも

個々の事象ではなく、大枠の要望も出す機会になります。個々の利用者のニーズではなく、現場の困惑を伝える一つの手段としてです。

事務の簡便化という意味では、年金を年額の12分の1で認定できることでしょう。日本年金機構が端数を二月に支給するようになって、その認定に全国が困惑していました。生活保護手帳の局第8―1―(4)―ア本文では毎回の支給額を次回支給までに分割認定することとなっていました。ここに年額の12分の1を年金の月額と認定できると規定したなお書きがつけ加わったことで、随分と事務処理が改善したのではないでしょうか。

私は、廃止時の要否判定を基礎控除ではなく「別表2(注)」を使うこととなったときに、程度決定では保護費が出るのに要否判定で保護が否となることがおかしいと意見を出しました。しかし、政治や関係省庁との間で決まったものなのでしょう。改善されることはありませんでした。

他の規定が変更されているのに実施要領が改正されず、使いにくいこともあります。昭和六十一年に福祉手当が障害児福祉手当、特別障害者手当、経過的福祉手当に分かれていますが、生活保護手帳の局第7―2―(2)―エ―(ア)の障害程度を判定する書類は昔のままです。「生活と福祉」でも特別障害者手当が上位の手当と認めているのですから、特別障害者手当認定通知書も追加するべきだと思います。

また、本誌第273号の林直久さんの扶養関係の改善意見では、局長通知が課長通知等の改正においついていない点を指摘しています。

実施要領だけでなく

意見を出す対象は実施要領、運営要領等だけでなく、生活保護手帳別冊問答集は当然、生活保護法や関連法令も対象に提出しています。実施責任（第19条・第84条の3）、もっと言えばCWの配置数のあり方（社会福祉法第16条）とかには切実な課題を感じる方もいるかもしれません。外国人保護の通知（昭和29年5月8日付け社会局長通知）とかも改善の余地があると思います。これらも意見が出ています。

ところで、実施要領、運営要領は生活保護手帳に全て載っていると思っていませんか。私は医療扶助運営要領の「様式第18の1の3」の改正意見を出しています。あん摩・マッサージ、はり・きゅうの要否意見書についてです。生活保護関係法令通知集には載っています。提出理由は、実施が近づいた生活保護を含む自治体の事務標準化があります。国が示す標準的な事務に従って各事業者がシステムを開発し、自治体がその中から採用する形になるので、様式の自由度も少なくなります。あん摩・マッサージと同じ様式なので、CWが間違えて発行することもありました。そこで、別様式として、はり・きゅうは六疾病とその他の選択肢を示すとする意見を出しました。

CWであるから言える

国へ要望を伝える手段は、監査、特別基準の設定のための厚生労働省協議とこの実施要領改正意見と言われています。個々の事情にとらわれない分、意見を言いやすい特徴があると思います。

福祉事務所の意見集約は、五月ぐらいです。今思っていることがあれば、書きましょう。もう一つ大切なことは、来年へ向けて日々どうにかならないかと思ったことは書き溜めておくことだと考えます。利用者の要望が実現できなかったときの最後の台詞は「今回は間に合わなかったけど、国には必ず言っておきます」です。

（たかしな　やすひろ）

（注）勤労に伴う必要経費として保護費を決めるときは基礎控除が適用される。しかし、要否判定では「別表2」を使うこととなっている。この別表2は基礎控除よりも少額のため、保護費の計算上保護費がでる場合でも、保護できない現象が生じる。

Cinema Review

『ドクちゃん　フジとサクラにつなぐ愛』

- **製作年**　2024年　　**製作国**　日本
- **監　督**　川畑耕平　　**上映時間**　72分
- **プロデューサー**　リントン貴絵ルース　吉岡フローレス亜衣子
- **出　演**　グエン＝ドク　**ジャンル**　ドキュメンタリー

横浜市松風学園入所支援第一係生活支援員　横浜キネマ倶楽部運営委員　**神谷　秀明**

　この映画の主人公のドクさんは、1981年に結合双生児としてベトナムの中部コントゥム省で生まれた。1988年に分離手術に成功し、現在、ホーチミン市のツーズー病院で事務職として働いている。夫であり父でもある。彼についてはベトナム戦争なしには語れない。1975年に戦争は終結したが、オレンジ剤の影響を受けたと思われる母親から生まれた当初、上半身は兄のベトさんと２つの体が下半身で繋がれ、肛門は１つ、足は２本であった。1986年には、ベトさんが急性脳症で意識不明となり、日赤医療センター（東京）でも治療を受け、注目された。ドクさんは日本で歩行訓練や肛門手術も受けた。その後、職業訓練でコンピューター技術を習得し、2006年妻のテュエンさんと結婚、2009年双子の男女が生まれた。子どもの名前がフジとサクラとあるのは、日本に親しみがある証左であろう。この映画では現在の家庭の様子や、2007年に亡くなった兄の供養、離れ離れになった親との再会、体の不調、日本との親善、ご家族の様子などが描かれている。

　政府からの補償金やドクさんの就労収入だけでは、成長著しい子どもの学費などで生活はぎりぎりのようである。また、体調不調により、いつまで生きられるのかという葛藤や不安の毎日の中で、懸命に生きるその姿と笑顔に人間として大切なものを感じるのではないだろうか。

　実は私自身、ドクさんには１度だけベトナムで会ったことがある。1998年、ベトナムを個人旅行し、ツーズー病院にアポなしで見学許可してもらった。この時の体験は、その後の社会福祉観、人生観を形成する上でも、多大な影響を与えくれた。17歳になったドクさんは松葉づえの移動中であった。私が日本語で挨拶すると「こんにちは」と日本語で彼は返してくれたが、そのままエレベーターに乗っていってしまった。用事があったのか、初めての突然の訪問者に警戒したのか不明であるが、それは致し方ないであろう。驚くべきはその病院には、足が短い、手の奇形があるなど、ベトナム戦争の後遺症と思しき子供が未だにいたのだ。３歳ぐらいから10歳ぐらいまでの５、６人の子どもたちは短時間であったが、無邪気に私と遊んでくれた。しかし、成長に伴って、自身のことや戦争のことについて葛藤する時期が来ていることだろう。オレンジ剤を大量にまいた米国は、一切補償金などをベトナムへ拠出していない。戦争＝構造的暴力には必ず犠牲が伴う。ウクライナやパレスチナを見れば十分であろう。

（かみや　ひであき）

生活保護判例・裁決紹介コーナー

うつ病の保護利用者（40代）について、転居した場合のリスク（病状悪化や入院の可能性）を考慮し、住宅扶助特別基準（「老人等で従前からの生活状況からみて転居が困難と認められる場合」（局第7の4(1)オ、課第7の56）に該当するとした判決（名古屋高等裁判所令和5年10月11日判決（確定）、『賃金と社会保障』No.1858（2024年9月下旬号）52頁）[1]

花園大学　吉永　純

1　事案の概要

本件世帯（一審原告と同居しているうつ病の内縁の妻A（40代）の二人世帯）は、2013年から生活保護の利用を開始した。本件住宅の家賃は月額60000円であったが、住宅扶助額（限度額）は同44000円であった。内縁の夫（原告）は、2018年に、処分庁（福祉事務所長）に対して、Aに精神障害があるため転居することが困難であるとして住宅扶助額の特別基準額（同52000円）への変更申請を行ったが、処分庁が認めなかったため、審査請求（棄却）を経て裁判に及んだ。なお、Aは当初はBクリニックのC医師が主治医であったが、2019年にDクリニックに転院し同所のE医師が主治医となっていた。

一審判決（名古屋地裁令和3年10月21日判決、前掲『賃金と社会保障』No.1858）は、判断枠組みこそ控訴審と同様であったが、Aは膝が悪化するまでは電車を乗り継いでBクリニック迄通院し一人で買物などしていたこと、過去の転院によってうつ病が悪化したことはうかがわれず一定程度は環境の変化に対応する能力があること、過去の精神病院への入院原因は判然とせず転居によってそのような事態が発生するとは認められないこと、居住市内に限度額以下の家賃の住宅が存在することがうかがわれることなどを理由に特別基準の設定を認めず、原告の請求を棄却した。原告控訴。

2　判決要旨（原判決を取消し、一審原告の請求を認容）

(1)　判断枠組み（一審の枠組みを踏襲）

「処分行政庁の処分について、当該処分が裁量権の行使としてされたことを前提として、その基礎とされた重要な事実に誤認があること等により重要な事実の基礎を欠くこととなる場合、又は、事実に対する評価が明らかに合理性を欠くこと、判断の過程において考慮すべき事情を考慮しないこと等によりその内容が社会通念に照らし著しく妥当性を欠くものと認められる場合には、裁量権の範囲を逸脱し又はこれを濫用したものとして違法となると解するのが相当である」

すなわち、重要な事実誤認や事実の欠落、不合理な評価があった場合や、判断過程において考慮すべき事情を考慮しないことによって著しく妥当性を欠く場合には違法となり当該処分は取り消されることを示した。

（2）特別基準要件該当性

ア　Aの病状が特別基準の要件を満たすこと

「妻は、陳述書及び原審における証人尋問で、控訴人（内縁の夫、一審原告）と一緒にいても知らない人と会うことは怖く、転居に際して引越業者等が本件住宅に立ち入ることや、転居による人間関係の変化、間取り及び家財道具等の配置の変化が精神的な負担になる旨の実情を、具体的に明らかにしているようにうつ状態を伴う対人緊張や神経過敏が強く、仮に本件住宅から転居しなければならなくなると、転居（引越し）のための種々の準備や作業等に加え、転居後に生活及び住宅環境が一変することによって、その病状が悪化する可能性が相当程度あって、精神科医が精神症状再燃の懸念を示しており、そのようにして悪化した場合には、その後の回復が、困難であるか又は少なくとも長期間の入院を強いられるなど相当の時間を要する可能性が高いことが認められる。上記認定事実によれば、本件処分当時、妻が本件住宅から転居することは、そのうつ病の病状から困難であったとみるべきであり（なお、それは、現在においても同様である。）、控訴人ら世帯は、課長通知要件にいう『老人等で従前からの生活状況からみて転居が困難と認められる場合』に該当すると認めるのが相当である」。

イ　Aが交通機関を利用して通院し単独で買物をしていることについて

Aが、公共交通機関やタクシーを利用して通院し、一人で買物をしており、転院しても病状が悪化していなかったとしても、「これらの行為は、本件住宅という精神的な支柱ないし生活の拠り所があることを前提に、同所から一時的に離脱することを意味するものにすぎないし、精神科医は、本来的に患者に寄り添う立場にあることから、そもそも転院によって、症状を悪化させるということはいえない一方で、本件住宅からの転居となれば、上記のような支柱ないし拠り所自体が永続的に失われることになると考えられ、生活及び住宅環境の変化の面で両者を同列に論ずることは、到底できない」。

ウ　転居による入院の可能性について

「仮に転居によって妻のうつ病の病状が悪化しても（必要があれば）入院して治療を受けることで足りるという」前の主治医であるC医師の判断は、「本件住宅からの転居という回避可能なリスクによって、妻のうつ病が悪化して、そのために妻が入院するという事態になることは、控訴人ら世帯の状況を激変させ、それまでの生活を破壊してしまうものであるから、当然ながら避けるべきである。」現在の主治医であるE医師も「僕は何とか入院は避けたい。」と証言し、C医師の意見に異を唱えている。

エ　Aの膝の疾病と特別基準によって住宅扶助を増額しても負担額が残ること

福祉事務所の嘱託医F（精神科医）は、①Aが膝に疾病があり、現住居は2階にあるため、Aの病状にとって現住居は望ましいとは言えないこと、②仮に現住居で特別基準が認められても家賃実額との差額8000円が生じ経済状況が厳しくなり現在の環境がベストとは言えず転居が望ましいと述べていた。

この①については、「控訴人ら世帯にとって、妻のうつ病の病状から転居が困難であるか否かという観点と、特に妻の膝の持病から2階にある本件住宅から転居することが望ましいか否かという観点は、全く別個の問題であって、本件申請の当否は、少なくとも前者の観点から又は少なくともこれを重視して判断されるべき」として嘱託医Fの意見を退けた。

また②についても、特別基準設定前には16000円の超過負担が、設定後には8000円に半減するのだから、これを変わりないとするFの意見は合理性がないと退けた。

3 問題の所在

本判決は、精神疾患を有する保護利用者に対して転居に伴うリスクを考慮して住宅扶助の特別基準額を認めた初めての判例である。

本件の争点を検討するには、第一に、生活保護における特別基準の意義、ことに住宅扶助額が不十分なことから、生活保護世帯が居住する住居は一般的に狭小劣悪であるため、住宅扶助額が適正な額がどうかも含めた検討が必要となる。

第二に、住宅扶助の特別基準の要件は、「①世帯員に車椅子使用の障害者等特に通常より広い居室を必要とする者がいる場合、②老人等で従前からの生活状況からみて転居が困難と認められる場合」又は③地域において保護の基準の規定に基づき厚生労働大臣が定める額（限度額）の範囲内では賃貸される実態がない場合（課第7の56、①～③の番号は著者が付した）であるが、身体障害者の場合に、前者の物理的な要件該当性が検討される一方、精神障害者では問題となる後者の「従前からの生活状況からみて転居が困難」という要件が十分検討されないまま特別基準の設定が認められないことが多々発生している。本件は、まさにこの要件が問われたのである。

したがって、本件では、第一に、住宅扶助特別基準設定の意義を踏まえ、第二に、精神に疾患のある生活保護利用者の場合にどのような要素を考慮して特別基準を設定すべきかを検討することとする。

4 検討

(1) 住宅扶助の特別基準

ア 住宅扶助の水準

現在、住まいのナショナルミニマム（最低居住水準）は単身者で25㎡、2人以上の世帯では「10㎡×世帯人数+10㎡」である。この「最低居住面積水準は、世帯人数に応じて、健康で文化的な住生活を営む基礎として必要不可欠な住宅の面積に関する水準」であり、「早期に達成」すべきとされてきた（2011年住生活基本計画）。しかし、生活保護世帯の住まいの状況は、およそ10年前でも、生活保護受給世帯が居住する民営借家における最低居住面積水準の達成率は、単身世帯で46%、2人以上世帯で67%となっており、一般世帯（生活保護受給世帯を含む）の最低居住面積水準が、単身世帯で76%、2人以上世帯で86%となっているのと比較すると、大きく下回っていた（2015年1月9日社会保障審議会生活保護基準部会報告書）。このような劣悪な住環境であったにもかかわらず、家賃CPI（物価）の下落等を理由に、2015年度から住宅扶助の引下げが実施された。

イ 住宅扶助特別基準の仕組み

(ア) 住宅扶助額

家賃、地代等にかかる住宅扶助額は、告示の基準額は、月額13000円（1、2級地）、同8000円（3級地）の2区分が示されている（告示1）。しかし、この金額で確保できる物件はごく少なく、実際の運用上は続く告示2による「厚生労働大臣が別に定める額の範囲内の額」（限度額）によっている。この額は、地域、級地、世帯人員別に示され、例えば、東京都（1級地）では、世帯人員1人では月53700

円、2人で64000円、3人から5人で月69800円などである。他方、鹿児島県（3級地）では、同じく、世帯人員1人では月24200円、2人で29000円、3人から5人で月31500円などとなっている。地域事情を反映して2倍以上の格差がある。

（イ）特別基準

限度額では不足する家賃の場合には「世帯員の状況、当該地域の住宅事情によりやむを得ないと認められるものについては、世帯人員別の限度額のうち世帯人員が1人の場合の限度額に次に掲げる率（世帯員1人の場合には1・3倍、世帯員数に応じて倍率は漸増し、世帯員7人以上で1・8倍）を乗じて得た額（特別基準額）の範囲内において、特別基準の設定があったものとして必要な額を認定して差しつかえない（局第7の4の（1）のオ）。この「やむを得ないと認められるもの」が、前掲の課第7の56に示された①から③の3つの場合である。

ウ　特別基準の意義

（ア）保護基準の類型　―一般基準と特別基準

生活保護基準には一般基準と特別基準がある。「最低限度の生活の需要」は、要保護者個人または世帯の実際の必要に即応したのであるから（生活保護法〔以下、法〕8条2項、法9条）、経常的な最低生活需要のほか、一般基準では対応できない特別の需要も含まれる。前者に対応するのが一般基準、後者に対応するのが特別基準である。

（イ）特別基準

①　特別基準の意義

法9条の必要即応の原則の趣旨について、立法担当者は以下のように解説する。すなわち、同原則は、「特殊的需要に対する特殊的考慮」であり、これは「真に凡ての被保護者の最低生活を実質的に保障する所以」であるとする[2]。

換言すれば、ここでいう特別基準とは、決して一般基準のプラスアルファではなく、一律に決められない最低保障のための基準を言っているのである。つまり、特別需要を満たして初めて、その保護利用者は、他の保護利用者と同様に、最低生活が保障されることになる。

このような特別基準の位置づけを踏まえ、「本条（法9条）は保護の実施機関に対し一般基準によりがたい場合に厚生大臣に申請して特別基準の設定を求める義務を課している」ことに留意すべきである[3]。

②　特別基準の類型

特別基準には2つの類型がある。「特別基準の一般設定」と「特別基準の個別設定」である。

前者は、一般基準によりがたい特別の事由のあるケースが相当数予想される場合に、保護の実施要領において、給付事由・費目・上限額等をあらかじめ規定したうえで、実施機関（福祉事務所）が自らの判断で個別に、特別基準の設定があったものとして支給決定を行う場合である。この特別基準は、行政実務では「実施機関限りで認められる特別基準」と称され、臨時的一般生活費（被服費、家具什器費、入学準備金など）のほとんどを含め50項目以上に上る[4]。本件で扱う住宅扶助の特別基準もこの類型の一つである。

後者は、一般設定によってもなお最低限度の生活の維持が困難であるような特別の事情が認められる場合に、実施機関が厚生労働大臣に個別に情報提供を行い、厚生労働大臣が当該世帯について特別基準を設定するか否かを判断するものである（厚生労働省告示第158号第2、局長通知第7－10）。

（2）精神疾患のある保護利用者の住宅扶助特別基準要件該当性の考慮事項

ア　本件の特徴

Aは、本件処分時の主治医Cから、処分直後（3か月後）に現在の主治医であるEに変わっている（主治医がEに変わるまで病状に変化はなかった）。本件患者Aの病状についてはこの2人の医師に加え、福祉事務所の嘱託医Fという3人の医師の見解が示され、C、Fの見立て（特別基準の要件を満たさない）と、Eの見立て（特別基準の要件を満たす）が異なった。このような場合に、実施機関としては、何を考慮要素として、どの要素を重視して、特別基準の要件該当性を判断すべきかがここでの問題である。

イ　控訴審判決の考慮要素

（ア）Aへの各医師の意見への評価

本件処分時の主治医はCであり、本件処分直後の主治医はEである。いずれもAについてそれなりの期間を治療している医師であるが、判決は、本件実施機関は「本件申請の当否を判断するに当たり、C医師に対しては、本件診断書の内容につき、『内服調整が困難にあり』という記載の意味を確認した程度であり、これを超えて妻のうつ病の病状が転居に伴う生活及び生活環境の変化によって悪化する可能性はどの程度のものかや、妻がうつ病の病状から転居が困難な状況にあるか否かなどの事項についてまで確認したものではない」として、実施機関の聴き取りの不十分さを理由に、Cの意見を採用していない（傍線筆者）。

また、嘱託医Fに対しても、妻の膝の持病と現在2階に住んでいる問題については、前述のように「うつ病の病状から転居が困難であるか否かという観点」を重視すべきであるとして退けた（同）。さらに、特別基準を設定しても8000円の超過負担が生じるとして特別基準を設定しない場合と変わらないとする点についても合理性がないとした。

（イ）「老人等で従前からの生活状況からみて転居が困難と認められる場合」の要件該当性判断における考慮事項

この要件にある「老人等」が例示であることは明らかであるから、この要件の解釈は「従前からの生活状況からみて転居が困難」といえるかどうかということになる。精神疾患の場合には「転居」そのものの精神的、心理的、また肉体的負担や、転居後の円滑な生活移行を目指した環境調整等を当該精神疾患の特徴等を勘案して、転居によって入院等の回復し難い病状悪化が避けられるような、リスク回避ができるかどうかを検討する必要がある。

特に、うつ病の患者は、いつも崖っぷちに立っているような思考にあるといわれ、何か一つのきっかけで希死念慮が強くなったり、被害妄想が強くなることが往々にして起こる。また、うつ症状のある時は、複数の物事の優先順位がつけられなくなり（頭の思考が鈍る）、混乱を招きやすくなることも指摘される。場合によっては、転居先の地域のスーパーやコンビニ、銭湯、金融機関、医療機関、バス停など調べて、本人と一緒に行き方などのトレーニングをした上で、転居の可否を検討する必要がある場合もある。

この点では、精神障害者（うつ病患者）への住宅扶助特別基準設定を認めた裁決では、「請求人の障害の原因はうつ病（又は双極性感情障害）であり、うつ状態等のため対外的なコミュニケーションをとることが困難で、転居に伴う新しい環境への適応がストレスとなって症状が悪化することが想定し得ること」とされている（令和3年2月22日神奈川県知事裁決、生活保護裁決データベース№7056）。つまり、コミュニケーション障害を理由に現住居での特別基準の設定を認めている例もある。

（ウ）本判決が示した考慮事項

この点では、本判決が繰り返し指摘している「妻のうつ病の病状が転居に伴う生活及び生活環境の変化によって悪化する可能性はどの程度のものか」や、「妻がうつ病の病状から転居が困難な状況にあるか否かなどの事項」が決め手となると考えられる。

本判決はこの観点から、転居という生活環境が激変することに伴う生活上のリスクとそうでないリスクを峻別して本要件を検討している。すなわち、住居という現在の生活上の拠点があるもとで通院や買物ができているからといって転居のリスクがないとはいえないこと（本稿2の（2）のイ）、また、転居に伴う病状悪化による入院のリスクがあることを認めるとともに（同2の（2）のウ）、さらに、転居が精神疾患に悪影響を及ぼすかどうかが問われているにもかかわらず、2階への昇降による膝痛の可能性など本件では直接争点となっていないことを持ち込む処分庁の主張等を退けている（同2の（2）のエ）。

このような考慮事項とウェイトのかけ方は、本判決が、単なる一事案の判決にとどまらず、精神疾患のある保護利用者の住宅扶助特別基準設定にかかる普遍性を有する先例としての価値がある理由である。

おわりに　～特別基準の設定によって最低生活の保障を

特別基準の条件が認められるのに充足されていない状態は、最低生活の侵害状態である。この意味で、先述のように、特別基準の設定は、生活保護法9条に規定された実施機関の義務とされている。2013年の生活扶助費の大幅な引き下げ以降、本件で問題となった住宅扶助額も引き下げられ、生活保護世帯の生活は厳しさを増す一方である。特別基準の積極的設定も含めた生活保護制度の最大限活用が求められている。

（よしなが　あつし）

---

1 本稿は、本判決を検討した拙稿「精神疾患と住宅扶助特別基準の設定」『賃金と社会保障』1858号（2024年9月下旬号）pp4-10を本誌読者向けに判例解説としてリライトしたものである。

2 小山進次郎（1975）『改訂増補 生活保護法の解釈と運用（復刻版）』全国社会福祉協議会、p212

3 前注2、p216．生活保護法制定時（1950年）においては、生活保護の事務は機関委任事務であったから特別基準の設定は厚生大臣（当時、一部都道府県知事）の所管であった。その後2000年の地方分権一括法により生活保護事務が法定受託事務として実施機関の事務とされたことから特別基準の一般的設定権限は実施機関に移されている。

4 『生活保護手帳』各年版の末尾資料（関連事項一覧表）に掲載されている。

●大阪弁護士会貧困・生活再建問題対策本部 編

〔改訂版〕Q&A生活保護利用者をめぐる法律相談

高崎健康福祉大学 楢府憲太

本書は2014（平成26）年に出版された同名書の改訂版である。当時の生活保護法改定にかかる法解釈部分の削除や、扶養調査等に関する新たな判例等を加筆して装いも新たに改訂版として出版された。

本書の構成としてはまず第一章で生活保護制度の概要を述べ、第二章以降で「申請」「扶養・後見」「外国人」等のテーマごとにQ&A方式で問いとその回答が述べられているという流れである。

一読して、法制度の精緻な記述を極めて平易な表現で解説しており、その読みやすさに感嘆する。生活保護制度を論じた書物の多くは、既に法制度にある程度明るい人でないと読みにくいことが多いが、本書については杞憂である。前書きにおいて「多くの実務家、支援者、生活保護利用当事者の方々に利用され」と読者層を想定しているように、生活困窮者への支援活動に携わる人々はもちろん、福祉事務所の職員、学生、生活保護について知りたい一般の方々でも十分に理解可能な水準の文章で書かれている。さらに第一章の生活保護制度の説明が極めて正確かつコンパクトにまとめられており、約30ページという分量ながら、この部分だけでも法制度の概略はほぼ理解できるのではないかと思う。第二章以降はQ&A形式であるので、手引きのように必要な時に必要な箇所を読むという使い方も可能である。

私自身、ケースワーカーや査察指導員として多少実務を経験した立場としていえば、特に本書の読者となるべきは、福祉事務所で生活保護行政に従事する公務員である。本書に収められている多数の問答の多くは、これまで福祉事務所が行ってきた違法・不当な取り扱い、あるいは社会に対して法制度の内容の正確かつ平易な説明を怠ってきたという不作為に対して、法律家等の支援者たちが活動を行ってきた歴史の積み重ねの産物でもある。例えば「裕福な親族がいると生活保護を利用することはできないか」、「借金があると生活保護は利用できないか」といった問いについては、本来は福祉事務所が正確な制度の運用及び制度内容の周知に努めて解決すべき問題である。なぜ法律家等の支援者たちがこのようなQ&Aを出版する必要があったのか、その背景を、生活保護行政に従事する公務員は我が身を振り返って考える必要があるだろう。

（ならふ けんた）

出版：新日本法規出版
定価：4,950円（10%税込）
判型：A5判・ページ数：408頁
発刊年月日：2024年9月
ISBM: 978-4-7882-9377-9

[編集後記]

□2022年の夏、アメリカ東海岸を3週間ほど家族旅行をした。ニューヨーク、ワシントンDC、ナイヤガラの滝を回る観光であったが、楽しい旅の中でもアメリカの厳しい現実を見た。その一つを紹介する。ナイヤガラの滝から車で60分ほどのワイナリーに行く途中で見た光景は今でも脳裏に焼き付いている。ワイナリーに近づくと、田舎の閑静な住宅が点在していた。その住宅街のかなりの家に、大きな星条旗が掲げられていた。特に祝日でもないので、不思議に思い、隣りに座っている長女に聞いてみると、「あれはアメリカ至上主義、もっと言えば白人至上主義のメッセージで、白人以外の人が歩くと危ない地域だよ」と教えてくれたが、分断国家の一面を見て、暗澹たる気持ちになった。4年ぶりに政権が変わったが、国家の分断が進まないことを祈るばかりである。（よ）

□物価高騰に加え、保険料や各種自己負担額等の引き上げの動きが続いている。心配するのは、お金がないため命や生きることを諦める人が生じること。生来持っている「生きる権利」が保障される日本であるよう、今こそ、日本での健康で文化的な最低限度の生活の中味を議論し合い、税金・保険料が国民の「生きる」に使われるよう広く学び合い、正当な主張をしていきたいと強く思う。（し）

□♪はしらのきずは　おととしの　ごがついつかの　せいくらべ、と始まる「背比べ」の唱歌では、今年の身長を柱に刻んでもらいながら、端午の節句に健やかな成長を願ってチマキを食べています。今年の立夏は5月5日ですがすでに猛暑が心配です。大人子ども誰しもが安心して健康に過ごせる世界を祈っています。（mi）

□4月はぽかぽかした陽ざしや満開の花や飛び回る鳥などに春らしさを感じます。しかし昨今は気候変動の最中、春らしさを感じる季節が少しずつ短くなっている気がします。穏やかな季節を楽しみながらも、次に来る厳しい夏の暑さにむけて、人間の快適さを優先するのではなく、生き物に対して利他の心をもって、自然を大切にする行動を心がけたいものです。（R）

[活動日誌]

第261回編集委員会　3月8日（土）
第262回編集委員会　4月5日（土）

季刊　公的扶助研究　通巻第277号

発行日　2025年4月25日
定　価　定価　800円（本体価格727円＋税）　※年度定期購読（4回発行）は3,200円
申込み

本誌購読申込み　年度購読料　3,200円（送料含む） 郵便振替　00190-6-147847 加入者名　公的扶助研究編集委員会	**会員申込み**　年度会費　6,000円（本誌購読料含む） 郵便振替　00150-1-535023 加入者名　全国公的扶助研究会

●本誌購読中止・退会のご連絡がない場合には、自動継続とさせていただきますので、ご了承ください●

編集発行　全国公的扶助研究会
季刊公的扶助研究編集委員会
発　売　**全国公的扶助研究会**《ぜんこくこうてきふじょけんきゅうかい》
〒113-0001
東京都文京区白山1-13-7 アクア白山ビル5F
Tel 03-3812-5223　Fax 050-3730-2116
E-mail zennkoku_koufukenn@yahoo.co.jp
URL https://kofuken.com/
印刷・製本　勝美印刷株式会社
ISBN978-4-911159-06-4

【お申込み先・お問合わせ先】
全国公的扶助研究会事務局
FAX：**050-3730-2116**
E-mail：**zennkoku_koufukenn@yahoo.co.jp**
URL：https://kofuken.com/